本著作系中国教育科学研究院2019年度基本科研业务专项资金项目

"新时代中小学课堂教学评价研究"（项目编号：GYI2019017）的研究成果。

Research on the Reform of School Teaching

学校教学改革研究

王玉国 著

西南师范大学出版社

国家一级出版社 全国百佳图书出版单位

图书在版编目（CIP）数据

学校教学改革研究 / 王玉国著. — 重庆 : 西南师
范大学出版社, 2020.7
ISBN 978-7-5697-0232-3

Ⅰ . ①学… Ⅱ . ①王… Ⅲ . ①课堂教学 – 教学研究 –
中小学 Ⅳ . ①G632.421

中国版本图书馆CIP数据核字（2020）第064009号

学校教学改革研究

XUEXIAO JIAOXUE GAIGE YANJIU

王玉国　著

责任编辑：路兰香
责任校对：周明琼
装帧设计：　　起源
出版发行：西南师范大学出版社
　　　　　　地址：重庆市北碚区天生路2号
　　　　　　网址：http://www.xscbs.com
　　　　　　邮编：400715　电话：023-68868624
经　　销：全国新华书店
印　　刷：重庆共创印务有限公司
幅面尺寸：170mm × 240mm
印　　张：10.25
字　　数：180千字
版　　次：2020年11月　第1版
印　　次：2020年11月　第1次印刷
书　　号：ISBN 978-7-5697-0232-3

定　　价：48.00元

　　百年大计，莫如树人；育人之本，莫如铸魂。 培养什么人、怎样培养人、为谁培养人，是我国教育的根本问题。 党的十八大报告提出"把立德树人作为教育的根本任务"，党的十九大报告提出"落实立德树人根本任务"。习近平总书记在 2018 年全国教育大会上强调，教育是国之大计、党之大计。 要把立德树人融入思想道德教育、文化知识教育、社会实践教育各环节，贯穿基础教育、职业教育、高等教育各领域。

　　立德树人是发展中国特色社会主义教育事业的核心所在，是培养德智体美劳全面发展的社会主义建设者和接班人的本质要求。 课程是教育思想和教育内容的主要载体，是学校开展教育教学活动的基本依据，直接影响人才培养质量。 学校教学是促进学生发展的重要方式，是落实立德树人根本任务的主渠道，是实施素质教育的主途径，是培养学生核心素养的主阵地。

　　教学既是一项人生设计，又是一个不断创造新的可能性的过程。[①] 学校教学在学校内涵发展和改革创新中具有重要作用，学校教学改革已成为推进教育改革和发展的一个关键方面。 21 世纪以来，特别是《国家中长期教育改革和发展规划纲要（2010－2020 年）》发布实施以来，德育为先、能力为重、全面发展的教育理念得到普遍认同，符合素质教育要求和立德树人根本任务的课程体系不断完善，学校育人模式不断创新，自主、合作、探究式的学习方式与启发、讨论、参与式的教学方式不断得以推广，教育教学质量和效益有了明显提升。

---

① 张华："对话教学：涵义与价值"，载《全球教育展望》2008 年第 6 期。

学校教学改革取得的成绩是多方面的。比如，揭示了教育教学生成、发展的本义，形成了一些基本命题。学校教学是一种使人找到生命自觉，进行主体发展的变革性实践；学校教学是在变革与适应、解放与控制、继承与创新的互动中建构与生成的；学校教学不仅注重知识的传授，更注重全面发展的人的培育。再比如，重构了学校教学的结构体系，体现在"目标理念、内容选择、进程设计、方式策略、反思评价"五个基本方面。实现了从关注知识、技能到关注学生全面发展，从学科中心到学生中心，从应试本位到提高素质、育人为本的转型。

在看到成绩的同时，我们也要清醒地认识到学校教学改革的新问题、新困难和新要求。第一，存在固执坚守固定教学模式的问题。一些学校在教学模式的选择上，没有考虑到或者无力顾及学校发展实际和学科教学本质，整齐划一地推进教学。第二，存在理念与实践"两层皮"现象。在教育改革过程中，一些教师习得了新的教育教学理念，也掌握了一些新的教育技术和方法，但理论与实践、口号与执行"两层皮"问题依然严重。素质教育"轰轰烈烈"，应试教育扎扎实实。一些学校在受到新时期教育改革和发展的洗礼后，渐渐意识到学校教学改革是教育综合改革的关键，但在具体推进上，仍存在犹豫彷徨、举棋不定、踟蹰不前、瞻前顾后等问题。旧模式与新理念、旧方法与新操作相互冲突，改革阻力重重。第三，对新的教育改革和发展的政策难以消化、吸收和转化。党的十八大以来，国家对教育特别是基础教育日益重视，出台了一系列政策。从国家层面来看，我国基础教育改革和发展的"四梁八柱"已基本形成。但同时，对于地方教育行政主管部门、学校和一线教师而言，还存在政策学不完、理解不到位、匆忙走过场等问题。因此，如何让好的政策转化为教学的有效实践，依然值得关注。

笔者长期关注基础教育学校教学改革，在长时间的理论和实践研究中积累了大量生动翔实的学校教学改革案例和"故事"，本书即笔者所见所历、所思所想，将这些理论思考、经验总结展现于此，以达到引发思考、启迪智慧的作用。

　　学校教学改革实践是活跃的，也是充满智慧的，甚至走在了教学理论的前面，它在与教学理论的互动中，不断发展，与教学理论共同构成了学校教学改革的鸿篇巨制。 本书仅仅是我国近些年学校教学改革的"一隅"，但希望能起到"窥一斑而知全豹"的效果，引发读者对学校教学改革的深入思考，激励教育工作者积极投身学校教学改革的热潮中，为学校教学改革助力增辉。

目录
contents

第一章

提高站位：学校教学改革的背景分析

　　学校教学改革是教育教学改革的重要组成部分，也是主要内容。要分析和推进学校教学改革就应将其与教育改革和发展的历史进程紧密结合，要看到中华人民共和国成立以来教育改革和发展的新成果，如教育普及水平不断提高，教育质量大幅提升，人民群众个性化、多样化教育需求不断得以满足，新时代教育工作有序推进，人民群众教育获得感不断增强；要看到新时代教育改革和发展面临的新问题，如城乡、区域、学校等之间的教育差距依然比较大，立德树人落实机制还有待进一步健全，学校办学规范性和活力还需要进一步增强，育人模式较为单一问题需要改进，学校同质化倾向亟待克服等；还要看到教育改革和发展的新任务，要树立科学的教育理念，完善立德树人落实机制，增强学校办学活力，深化课程改革，深入推进教育评价体系改革，为教师减负赋能。

　　立足新时代，明确教育改革新方针、教育发展新任务、育人目标新指向，将有利于促进学校教学改革。本章主要从教育改革和发展的新方位、新问题、新任务三个方面对学校教学改革进行分析，加深对学校教学改革的认识。

第一节　教育改革和发展的新方位

中华人民共和国成立以来，经过几代人的不懈努力和艰苦拼搏，当前我国已建成了世界上规模最大的教育体系，保障了亿万人民群众受教育的权利，走出了一条中国特色社会主义教育发展道路，为国民素质提高、经济社会发展、综合国力提升做出了重要贡献。我国教育总体发展水平已跃居世界中上行列。

一、教育普及水平不断提高，较好解决了"有学上"问题

中华人民共和国成立初期，全国 5.4 亿人口中，文盲率高达 80.0%，很多地方连学校、课桌椅都没有，教育条件极其落后。近些年来，我国教育事业发展取得历史性成就。《国家中长期教育改革和发展规划纲要（2010－2020 年）》显示，2015 年，我国主要劳动年龄人口平均受教育年限为 10.5 年，实现了从人口大国、文盲大国到教育大国、人力资源大国的跨越，进而向教育强国、人力资源强国迈进。2018 年，学前教育毛入园率为 81.7%，九年义务教育巩固率为 94.2%，高中阶段毛入学率为 88.8%，高等教育毛入学率达到 48.1%。总体来看，各级各类教育普及程度均达到或超过中高收入国家平均水平。义务教育城乡差距不断缩小，截至 2019 年 3 月，全国 92.7% 的县实现了义务教育基本均衡发展。实施中西部高等教育振兴计划，深入推进支援中西部地区招生协作计划，促进高等教育普及化发展。加快发展民族教育，构建现代职业教育体系。完善随迁子女就学政策和留守儿童关爱保护体系。2017 年的统计数据显示，80.0% 的义务教育阶段随迁子女进入公办学校就读。深入实施农村学生营养改善计划，截至 2018 年已覆盖全国 1631 个县，受益学生达 3700 多万人。

二、教育质量大幅提升，每个孩子"上好学"的机会不断增多

教育高质量发展是实现中华民族伟大复兴的重要支撑力量。 近年来，我国坚决防止和纠正幼儿园小学化问题，研制幼儿园保教质量评估指南，提高幼儿园保教质量。 坚持德智体美劳"五育"并举，深化义务教育教学改革，大力转变普通高中育人方式，加强全面育人体系建设，大力发展素质教育，推进课堂改革，不断提升学生的创新精神和实践能力。 推动高等教育内涵式发展，谋划部署全面振兴本科教育攻坚行动，印发"新时代高教40条"，鲜明提出"四个回归""以本为本"时代命题，启动"六卓越一拔尖"计划 2.0，发布并实施《普通高等学校本科专业类教学质量国家标准》。 加快推进"双一流"建设，促进高校科技成果转化和技术转移，不断提高教育服务经济社会发展的水平。 出台"职教二十条"，大幅提升职业教育现代化水平。 通过实施一系列改革举措，我国教育质量和国际影响力显著提升。近几年，上海等地的学生在国际学生评估项目（Program for International Student Assessment，简称 PISA）中测试成绩名列前茅；英国小学数学教学引进"中国模式"；一流大学和一流学科建设受到国际社会广泛关注。 2013年，我国成为本科工程教育国际互认协议《华盛顿协议》的签约成员，我国高等工程教育质量得到国际认可。 我国高校在全球高校中的位次整体大幅前移，截至 2018 年，我国近 100 个学科进入世界前列。

三、教育改革开放水平不断提升，人民群众个性化、多样化教育需求不断得以满足

支持和规范社会力量兴办教育，民办教育已成为社会主义教育事业的重要组成部分。 2018 年，全国共有各级各类民办学校 18.35 万所，占全国学校总数的 35.35%；在校生 5378.21 万人，占全国在校生人数的 19.51%。

民办教育的发展有效地增加了教育服务供给，满足了人民群众多样化教育需求，为创新教育体制机制、推动教育现代化、促进经济社会发展做出了积极贡献。 近年来，我国加快和扩大教育对外开放，落实《推进共建"一带一路"教育行动》精神，推进人文交流，为共建人类命运共同体提供有力支撑。 教育部发布的数据显示，从 1978 年到 2018 年底，各类出国留学人员累计达 585.71 万人，截至 2018 年，153.39 万人正在国外进行相关阶段的学习和研究，432.32 万人已完成学业，其中 365.14 万人在完成学业后选择回国发展，占已完成学业群体的 84.46%。 2018 年的出国留学人员总数达到 66.21 万人，回国人员总数为 51.94 万人。 从中外合作办学来看，我国已成为全球一流大学的重要办学合作方。 我国教育改革开放水平不断提升，满足了人民群众个性化、多样化教育需求。

四、各地教育大会陆续召开，新时代教育工作有序推进

自 2018 年 9 月全国教育大会召开以来，中央教育工作领导小组对学习贯彻大会精神高度重视，做出重要安排，领导小组秘书组、教育部党组切实加强统筹协调和督促指导，推进落实工作往深里走、往心里走、往实里走。之后，全国 31 个省（自治区、直辖市）和新疆生产建设兵团均召开教育大会，结合本地实际抓好贯彻落实工作。 总体上看，各地教育大会规格高、影响广、效果好。 一是出台专门意见和制定本地教育规划。 河北、福建、湖北、青海等地专门出台具体实施意见，将习近平新时代中国特色社会主义思想贯彻到教育工作各领域、全过程。 北京、福建、山东、宁夏等地把全国教育大会精神与当地实际相结合，研究制定了本地教育现代化规划及实施方案等，构建新时代教育改革发展的规划蓝图和政策体系。 二是坚持正确的办学方向和育人导向，进一步落实立德树人根本任务。 各地坚定为党育人的初心，牢记为国育才的使命，聚焦立德树人根本任务，紧扣"培养什么人、怎样培养人、为谁培养人"这一根本问题，深化教育教学改革，多措并举做

好思想政治工作。 2019 年 3 月 18 日，习近平总书记主持召开学校思想政治理论课教师座谈会并发表重要讲话。 为落实讲话精神，各地党委主要负责同志以做报告、调研、座谈等形式，深入学校开展思想政治教育工作，北京、天津、河北、内蒙古、江西、河南、四川、陕西等地党委主要负责同志带头深入高校讲思政课。 三是坚持问题导向，深化教育改革创新。 各地把改革作为教育发展的根本动力，聚焦突出问题和短板，加快重点领域和关键环节改革步伐。 黑龙江提出，聚焦改革创新，全方位补齐发展短板，兜住底线，解决"城挤乡弱""大班额"问题，实施城乡义务教育一体化改革发展攻坚行动。 山东提出，牢固树立质量为先的导向，转教育理念、转育人模式、转评价方式，把科学的教育评价指挥棒立起来。 四是进一步明确教育现代化发展目标和实现路径。 各地坚持以凝聚人心、完善人格、开发人力、培育人才、造福人民为教育工作目标，明确提出符合区域实际的教育现代化发展目标和实现路径。 上海提出，到 2020 年上海教育总体实现教育现代化，教育事业发展和人力资源开发水平迈入世界先进行列；到 2035 年，实现更高水平、更高质量的教育现代化。 云南在对全省教育现代化建设做出总体安排的同时，明确提出全面提升学前教育水平、提高义务教育质量、深化普通高中课程改革、深化高等学校考试招生制度改革等，并分别制定了配套政策。 五是尊师重教工作有了新进展。 各地高度重视教师队伍建设，努力推动形成优秀人才争相从教、教师人人尽展其才、好教师不断涌现的局面。安徽启动教师"县管校聘"改革和事权、人权、财权"三权"统一改革试点，开展乡村中小学首席教师岗位计划试点。 福建的师范专业生均拨款标准大幅上调，并通过改革师范类招生、探索本硕一体化培养、提高师范生专业奖学金标准等举措，吸引优秀学生报考师范专业。

五、多措并举，不断增强人民群众教育获得感

全面贯彻党的教育方针，坚持"优先发展教育事业"和"三个优先"。

各级政府在财政资金投入上要优先保障教育，推动落实"一般不低于4％、两个逐年只增不减"要求。坚持学前教育公益普惠基本方向，推动学前教育深化改革和规范发展，实施第三期行动计划。教育部大力度、大范围开展校外培训机构专项治理，全国共摸排校外培训机构40.1万所，整改完成率98.9％，从制度上解决课后"三点半"问题，出台中小学生减负"三十条"，制定面向中小学生的全国性竞赛活动管理办法，切实减轻中小学生过重学业负担。推进义务教育免试就近入学全覆盖，全国24个大城市免试就近入学比例达98.0％。积极化解义务教育"大班额"问题，大班额、超大班额数量比2017年分别减少了18.9％和48.7％。支持全面改善贫困地区义务教育薄弱学校基本办学条件，94.0％的学校达到"20条底线"要求。92.7％的县实现义务教育基本均衡，16个省份整体通过国家认定。中央财政新增专项支持"三区三州"脱贫攻坚，实施推普脱贫攻坚行动计划、职业教育东西协作行动计划。在尚无直属高校的省份重点支持建设14所高校，以新思路新机制促进中西部高等教育发展。保障农村和贫困地区学生上重点大学的专项计划共录取约10.4万人，启动教育信息化2.0行动，让更多孩子共享优质教育资源。中央财政安排近600亿元学生资助补助经费，资助困难学生1亿人次。（本段中数据皆为2018年的）

第二节　教育改革和发展的新问题

教育是最大的民生，"人民满意"是党中央对教育事业发展的明确要求，充分彰显了中国共产党关于推动教育事业发展的初心与使命。人民满意具有主观性，因心理预期、目标参照的改变而发生变化。人民满意也有客观性，受到经济社会发展水平、发展基础、发展阶段等因素制约。"办好人民满意的教育"是一个不断推进的过程，是我国教育改革和发展的长期奋斗目标。

一、城乡、区域、学校、群体之间教育差距依然较大

我国教育发展不均衡，老问题和新情况相互叠加，教育发展短板问题依然存在。一是农村、中西部地区教育发展相对滞后，存在教育经费投入不足、办学条件相对较差、优秀教师"下不去、留不住"、控辍保学压力大等问题。二是校际发展不均衡，差距依然存在。重点校长期积累的名牌效应明显，普通校改造、优质教育资源形成尚需时日，学校之间的差距短期内很难完全消除。三是经济困难群体教育保障水平还需进一步提高。进城务工人员随迁义务教育阶段子女基数大，还需加大保障力度。留守儿童、特殊儿童关爱服务体系还有待进一步完善。

二、人民群众个性化、多样化、优质化教育需求未得到有效满足

有教无类、因材施教、终身学习、人人成才是我国的教育梦，但教育的个性化、多样化、优质化发展还受到制度、资源、理念和技术等的制约，不能满足人民群众的需求。固定地点、固定时间、固定教材和以教师讲授为主的传统教学形式依然是主要教学形式，信息技术与教育深度融合不够，终身学习的教育体系不完善。个性化、多样化、优质化教育目标的实现，还是一项长期工程。

三、立德树人落实机制仍需改进

立德树人是教育的根本任务，但中小学同质化现象严重，职业教育仍受歧视，产教深度融合不够，社会、学校、家庭统筹合力不足，社会用人标准单一等，影响立德树人根本任务的落实。在全社会树立科学的教育理念，建立健全立德树人落实机制还需继续努力。

四、学校规范办学问题有待改进

在基础教育阶段，有些地方、有的学校明里暗里搞招生"掐尖"，办"占坑班"，分重点班、快慢班等，这些问题有待改进；师德师风建设还需加强；后勤、基建等存在的腐败问题需要处理；中外合作办学规范收费、民办学校规范发展等问题的解决需要立足长远，久久为功。

五、教育评价标准还需进一步完善

教育部部长陈宝生在 2019 年全国教育工作会议上表示，"五唯"，即"唯分数、唯升学、唯文凭、唯论文、唯帽子"，是当前教育评价方面存在的根本问题，是当前教育改革中最难啃的"硬骨头"。"五唯"问题是困扰学生、教师和学校的顽瘴痼疾。在基础教育阶段，唯分数、唯升学问题尤为严重，不仅严重禁锢学校、教师的创新和发展，而且对学生核心素养培育以及身心健康发展有着严重影响。"五唯"问题从本质上而言，就是教育的功利化，而教育的功利化使得教育目的、方法、内容、评价等在不同程度上背离了教育的初衷，使得需要全面发展德智体美劳的人成为单向度的人，使得教育教学的节奏、规律严重受损。

六、育人模式单一，学校同质化倾向严重

目前，学校育人模式单一问题，办学目标和办学理念相同等同质化问题比较突出，不仅难以满足学生多样化的学习需求，也难以适应经济社会发展的需要。各地各学校还不能依据自己的育人理念、地域文化和生源情况等很好地构建符合地方和学校实际的、符合生源特点的育人模式。在有些地

方，将中小学办出特色、办出水平的目标还仅仅停留在政策层面、口号层面，还未转化为育人的具体实践。

第三节 教育改革和发展的新任务

进入新时代，我国教育改革面临诸多新任务，要不断更新教育理念，健全立德树人落实机制，不断增强学校办学活力，深化课程教学改革，推进教育评价体系改革，为教师减负赋能等。 具体有以下几点。

一、树立科学的教育理念

2019 年 7 月，国务院副总理孙春兰出席全国基础教育工作会议并讲话，指出树立科学的教育理念，坚持有教无类、因材施教，推动多样化办学，为不同性格禀赋学生提供更加适宜的教育。 这赋予因材施教更加丰富、鲜明的时代内涵，对实现教育公平和提高教育质量都具有深远而全新的指导意义。 教育工作者可根据学生的身心发展状况及不同个性特征，运用不同的具体的方法开展教育活动，最终促进学生全面发展。 由于因材施教的出发点是承认学生的个体差异，强调施教要因人而异，最终实现各尽其才，因此，它对教育行为的影响和作用是根本的、普遍的、深远的，是推动学生成人、成才、成功的必由之路。 任何正常的教育都必须遵循这一原则，不得违背和篡改。

二、完善立德树人落实机制

立德树人是教育的根本任务。 教育改革和发展要紧紧围绕立德树人根本任务而进行,不断完善立德树人落实机制。 一是充分发掘各门课程中的德育内涵,加强德育课程、思政课程建设。 二是创新思想道德教育方式方法,注重理论与实践相结合、育德与育心相结合、课内与课外相结合、线上与线下相结合、解决思想问题与解决实际问题相结合。 三是用好自然资源、文化资源、体育资源等方面的育人功能,充分发挥英雄模范人物、名师大家、学术带头人等的示范引领作用;挖掘校史、校风、校训、校歌的教育作用,充分发挥学校党委、团委、少先队组织的育人功能。 四是加强学校教育、家庭教育、社会教育的有机结合,形成共同育人的合力。

三、增强学校办学活力

增强学校办学活力,就要为学校营造良好的制度环境,破除"五唯"对学校发展的约束,切实落实"放管服"要求,推行现代学校制度,使学校能够安心、静心、专心开展教育教学工作。 精准发力,寻求增强学校办学活力的关键点和突破口。 围绕德智体美劳全面发展育人目标,在完善立德树人落实机制,践行社会主义核心价值观,培育学生体育兴趣,提高学生审美素养,引导学生崇尚劳动等方面下功夫,想方设法解决德育"虚化"、体育"边缘化"、美育"形式化"和劳动教育"娱乐化、形式化、惩戒化"问题,激发学校的办学活力。 还要理顺学校与家庭、社会、政府的关系,深化家校合作,善于利用社会资源提升学校的办学水平。

四、深化课程教学改革

课程教学改革是基础教育改革的重点,也是关键领域。 目前,基础教育学校课程资源还有待深入开发,学校课程体系亟待整体构建,学校课程领导力还需要大幅提升。 教学中还有违背青少年发展和认知规律的现象,老师授课过程中概念多、结论多、要求背诵的多,学生的好奇心、探究欲、动手能力还不足。 基于情境、问题导向的互动式、体验式等教学方式的运用还不多，学生主动提问、互动讨论、合作探究等还比较少。 因此，必须深化课程教学改革。

五、推进教育评价体系改革

科学的教育评价是推进教育现代化的关键环节。 教育的现代化包括对现代化人才的培养，而现代化人才素养必然包括创新与合作这两大方面。进入新时代，国家的高质量发展对人才需求有了新变化，目前的教育评价方式、评价内容、评价导向已与创新型人才培养需求不协调，亟须改革我国教育评价体系，扭转教育功利化倾向。 从某种程度上而言，教育功利化倾向背离了党的教育方针，背离了中国特色社会主义教育的根本特征，背离了立德树人根本任务，大力推进教育评价体系改革是防止教育功利化的有效途径。

六、为教师减负赋能

教师是促进教育事业发展最活跃的因素，也是教育变革的根本动力。2018 年召开的全国教育工作大会提出了"九个坚持"，其中之一就是"坚持把教师队伍建设作为基础工作"。 未来，人工智能、大数据等技术将蓬勃发展，传统的教师培养、培训和发展体系面临重大挑战。 全面深化教育综合改革，课堂教学改革也是难啃的"硬骨头"。 如果教师的动力没有被激发出来，参与改革的积极性没有被调动起来，就很难说课堂教学改革是成功的。 增强教师的动力，首先，要深刻认识和把握教师的职责使命。 习近平总书记指出，教师承载着"传播知识、传播思想、传播真理"和"塑造灵魂、塑造生命、塑造新人"的时代重任。 不管未来科学技术如何进步，都不能动摇教师教书育人的使命，要信任和依靠教师，重视和加强师德师风建设，激励教师做有理想信念、有道德情操、有扎实知识、有仁爱之心的"四有"好老师。只有教师具备了对学生和教育事业的深沉的爱，教育发展才会有原动力。其次，要重塑师道尊严，既要重视软环境建设，以荣誉感、使命感召唤教师爱岗敬业；又要重视硬环境建设，把更多的经费用于教师队伍建设，提高教师的待遇及其社会地位、职业地位，吸引最优秀的人才从教。最后，要根据时代要求，改革教师培养体制，增强教师职业技能，搭建起教师专业发展的阶梯，针对不同发展阶段的教师，有针对性地提供帮助，帮助教师顺利度过入职培训"黄金期"、离职"危险期"、生涯"倦怠期"和发展"瓶颈期"，激励教师终身学习、勇于创新并不断提高和完善自我。

第二章

追根溯源：学校教学改革的
历程反思

　　学校教学是落实立德树人根本任务的主渠道。中华人民共和国成立以来，党和政府高度重视学校教学改革，积极推进学校教学改革。学校教学方式不断改进，教学组织形式不断创新，涌现出了一批学校教学改革典型案例，学校教学改革向纵深发展，教学不仅能传授知识，而且能在细节上、日常中、体系中抓价值观教育，为社会主义建设培养人才。

　　学校教学改革具有鲜明的时代特征、阶段特点和明确的任务使命，是提升学校教学质量的重要途径。纵观中华人民共和国成立以来特别是第八次基础教育课程改革以来的实践，学校教学改革构成了教育改革的重要内容。正确看待和把握学校教学改革的内容、任务和方向，首要的是明晰学校教学理念、教学核心要素以及教学主要实践形态。

　　本章重点从理论的视角分析教学的内涵、学校教学改革存在的问题和改革主要路径，这是深化学校教学改革不可绕过的基本问题，也是深化学校教学改革的重要理论基础。

第一节 教学的内涵释义

教学是一种古老的社会活动，是教育的主要形式和主要内容。研究学校教学改革，首先要明晰教学的内涵，要历史地看待和分析教学的内涵，既要看到教学的历史内涵，又要看到新时期教学的新内涵。要看到教学是教与学相统一的社会活动，既包括教师的"教"，也包括学生的"学"，两者辩证统一，共同构成了教学；既要看到"教"是学生"学"的重要方式，也要看到"学"是教师"教"的最终目的。任何无法促成学生真实学习的教学都不是真正的教学。

一、教学是一种古老的社会活动

自从有了人类社会，便有了教育，也就随之有了广义的教学。据研究和考证，教学在原始社会即已产生①。古代的教学大多数与传授生活、生产经验有关。生活经验主要是一些生活习俗、社会风俗以及图腾信仰、禁忌等。生产经验则主要是一些围猎、农耕方法以及工具的制造、使用等。教学的基本方式是上一代人对年轻一代人口传心授。这种教学是当时社会生产、生活得以维持，生命得以延续的重要保证。这种教学没有相对独立和完善的内容，教学基本上等同于生产和生活，两者并没有独立起来。从科学性上来看，教学多是经验的总结和传授，带有偶然性和随意性，差异性很大，可比性不强。随着社会的不断进步，特别是工具的更新、生产力的提高，脑、体分工进一步明确，社会组织结构也逐步完善，一部分不用从事体力劳动的人便接受了系统、完整的教育。过去偶然的、不成体系的、经验传授式的教学已不再适应社会生产、生活的需要，也不再适应特定阶级发展的需要。教学的专业化、固定化、阶级性随之产生。后来，随着固定教学场

①王策三：《教学论稿》，人民教育出版社2005年版，第81页。

所——学校的出现，从事教学的专职人员——教师的产生，教学发生了质的飞跃。 教学自此从生产、生活本身中分化出来，自发性让位于自觉性，教学变得更加连贯，形式也日益固定。[①] 教学的分化和专业化使得教学不断完善和发展，为教学的未来发展奠定了基础。

在我国，教学历史悠久。 古人在《尚书·说命》中提出了"教学半"的观点，意思是在教学中，教是学的一半。《礼记·学记》中又提出了"教学相长"，其原文为："学然后知不足，教然后知困。 知不足，然后能自反也；知困，然后能自强也。 故曰：教学相长也。"意思是说，通过学习才能知道自己的不足，通过教人才能感到困惑。 知道自己学业的不足，才能反过来严格要求自己；感到困惑，然后才能不倦地钻研。 所以说，教与学是互相促进的。

二、"教"与"学"的历史考察

在我国古代，关于教学的作用，《礼记·学记》中也阐释得特别清楚。对于个人而言，《礼记·学记》的记载是："君子如欲化民成俗，其必由学乎！""玉不琢，不成器；人不学，不知道。"意思即说，君子要想感化民心、形成良好风俗，就一定要重视教学。 玉石如果不经过雕琢，就不能变成好的器物；人如果不经过学习，就不会明白各种道理。 对于国家而言，如果没有教学的育人成才、化民成俗，则整个国家就不能开化，不能长治久安。 于是，《礼记·学记》又指出"建国君民，教学为先"，意思即说，建立国家、统治人民，必须把教学放在首要地位。 从中可以看出，教学是教化人民、建立国家、实现国家长治久安的重要"法宝"。 这里的教学实则和教育同意，包含着传递知识、教化民众等内容。

在英语中，教与学是由不同的单词表示的，"教"一般由 teaching 和

[①] 王策三：《教学论稿》，人民教育出版社 2005 年版，第 82 页。

instruction 来表示，"学"则由 learning 来表示，也经常见到两者的合成形式"teaching-learning"。

可见，无论中西，教学都包含"教"和"学"两部分内容。"教"的基本含义是传授，一般是指教者对学习者的传授。"学"的基本含义是学习、模仿，一般是学习者学习、模仿教者的知识、行为等。教与学合在一起的基本含义就是传授和学习。具体而言，一是教学包含两个主要部分，即教师的教和学生的学，两者缺一不可，缺少了任何一部分都不能称为教学。二是教学包含一种主要关系，即教者和学者的关系，也可称为师生关系。良好的师生关系是教学得以顺利完成的关键要素。师生关系的民主、和谐会影响教学过程的民主和教学关系的和谐，甚至影响教学方法的运用。三是教学包含两个层面的发展，既有学生的发展也有教师的发展，即教学相长。四是教学所包含的教与学在某些语境中又是相通的。如，古人言语，施受不分，如买与卖，受与授，籴与粜，本皆一词，后乃分化耳。教与学亦然。教学亦即学习，指的是两种不同的学习方式，一种是通过教使人学，另一种是自学。

三、教学的内涵分析

概念是人们思想的基本表达形式之一，是人对事物最为普遍和本质的认识。概念清晰，则可以帮助人们更好地认识事物的本质，并举一反三、推而广之、活学活用。概念不清或者错误，则会迷惑甚至误导人们，让人们无法把握该事物的本质，无法理解与该事物相关、相近的一些活动或者现象，不能很好地认识它与其他事物之间的联系和区别。同理，给教学下一个科学的定义，则有助于人们明白教学的本质、教学与教育的联系、教学与教唆的区别以及教与学相互产生的影响等。给教学下一个科学的定义是很困难的。之所以困难，主要有几方面的原因。一是"教学"历史久远，古代和现代的人们对教学的认识不尽相同。在古代，"教""学""自学""教育"没有严格的区别,可以互用,而且受历史文化、阶级地位、社会生产力水平等影响,古人对教学的理解自然不同。 到了近现代,人们关于教学也有不同的认识。 有学者指出,在我国出现的"开门办学""学工""学农""学军"等概念,使得教学的概念更加含混不清了。① 二是概念所指的广度不同。 一般来说,人们会将教育与教学关联起来,这里的教育即教学,教学即教育。当然,还有更广义的理解,如生活中的一切学习、交流、辅导等,均可被称为教学。 狭义的教学则指教育的一部分和最为基本的教育途径,和德育、社团活动等既有联系又有区别。 对教学更为狭义的理解则指具体的教学活动,如数学教学、语文教学等,再如小学教学、大学教学等。 教学目标、教学任务、教学阶段、教学组织形式、教学评价方式等不同,自然会让人们对教学有不同的理解。

尽管存在以上不同理解,但依然需要也是可以对教学这一抽象概念进行定义的。 下面是一些学者对教学所下的有代表性的定义。 苏联教育学家凯洛夫的《教育学》对我国教育影响巨大而又深远,他认为,教学过程一方面包括教师的活动(教),同时也包括学生的活动(学)。 教和学是同一过程的两个方面,彼此不可分割地联系着。② 我国学者多受凯洛夫《教育学》影响。 如,王策三先生认为,所谓教学,乃是教师教和学生学的统一活动③,在这一活动中,学生掌握一定的知识和技能,同时,身心获得一定的发展,形成一定的思想品德。 从中可以看出,教学是教与学相统一的双边活动,教学的效果,不仅是学生增长了知识和技能,而且其身心也获得了发展。可见,教学不仅是教书、教知识,也是一个育人的过程,即受教育者获得了全面发展。 袁振国教授对教学的一般规定进行了分析,认为教与学是可分的,可分的理由是教与学是两种不同性质的活动。 实践中的教学活动至少有两种理论形式,即关于教的理论与关于学的理论。 教学研究把教当作自

---

① 王策三:《教学论稿》,人民教育出版社 2005 年版,第 84 页。
② 袁振国:《当代教育学》,教育科学出版社 2010 年版,第 147 页。
③ 王策三:《教学论稿》,人民教育出版社 2005 年版,第 87 页。

己的中心问题，认为教学的核心是教。 在此认识基础上，袁振国教授认为，教学就是教师引起、维持、促进学生学习的所有行为，这些行为包括主要行为和辅助行为两个部分。 教师的主要行为包括教师的呈示、对话与辅导，辅助行为包括激发动机、期望效应、课堂交流和课堂管理等。①

从袁振国教授的论述可以看出，教与学是相互独立的，教学的重心在教，重点是研究教的原理、教的方法。 但这并不排斥学，教是建立在对学的认识基础上的，并不是不认同学生学的状态、意识、水平的肆意的教。 教学并非简单地教授，学习并非机械地接受，而是体现着教中学、学中教，即教学相长。 施良方、崔允漷认为，在我国，"教、教学经常是通用的"，但是，"教与学不仅是可分的，而且必须分"，应该从促进学生进步的角度分析"教"或"教学"的本质特征，"教学"指向"教师引起、维持或促进学生学习的所有行为"。② 从中可见，施良方、崔允漷两位学者的观点与袁振国教授的观点几乎一致，都认为教与学可分，并从促进"学"的视角分析"教"。

关于教学的定义，几乎每本教育学和教学论类教材、专著都要进行论述，这里不一一列举。 教学定义的不同不仅反映了时代的变迁，更反映了人们对有关教育教学各种关系的认识和假设。

总之，教学不仅包括教，也包括学，教不局限于教师，也有学生的教，反之亦同。 教是建立在学的基础上的教，学是教引导下的学，缺少教或学，教学则不能达成。 教和学，不是教师和学生个人的行为，而是受制于国家、社会的规定。 一般而言，中小学阶段的教学内容的主要载体是教材。 教的过程主要是系统的知识的传授，但同时包含教授正确的价值观念，引导受教育者形成正确的思想道德观念等，在这一过程中，教师、学生相互启发和成长，实现共同成长。

---

① 袁振国：《当代教育学》，教育科学出版社 2010 年版，第 148 页。
② 施良方、崔允漷：《教学理论：课堂教学的原理、策略与研究》，华东师范大学出版社 1999 年版，第 12—13 页。

第二节　学校教学改革的问题分析

自中华人民共和国成立以来，我国历经八次基础教育课程改革，从改革的政策、内容来看，课程改革是学校教学改革的主要内容和重点领域。

2001 年，教育部印发《基础教育课程改革纲要（试行）》（以下简称《纲要》），深入贯彻落实中共中央 国务院《关于深化教育改革全面推进素质教育的决定》和国务院《关于基础教育改革与发展的决定》精神，构建符合素质教育要求的新的基础教育体系。

《纲要》要求教师在教学过程中应与学生积极互动、共同发展，要处理好传授知识与培养能力的关系，注重培养学生的独立性和自主性，引导学生质疑、调查、探究，在实践中学习，促进学生在教师指导下主动地、富有个性地学习。 教师应尊重学生的人格，关注个体差异，满足不同学生的学习需要，创设能引导学生主动参与的教育环境，激发学生的学习积极性，培养学生掌握和运用知识的态度和能力，使每个学生都能得到充分的发展。

随着课程改革的不断推进，学校教学改革逐步进入深水区和关键领域，过去大一统的、一刀切的模式化、运动化的学校教学改革逐步转向基于学科本质、基于学生核心素养、基于学校育人理念的校本化、学科化、个性化改革和探索。 学校教学不再仅仅关注"教什么样的知识""用什么样的方法教知识""用什么样的方式更高效"等知识教授问题，而是更加注重"课堂育什么样的人""用什么样的方式育人"等育人问题，教学、育人的统一性更强，联系更紧密。 这一变化突出表现在中共中央 国务院《关于深化教育教学改革全面提高义务教育质量的意见》（以下简称《教育教学改革意见》）中。《教育教学改革意见》要求坚持教学相长，注重启发式、互动式、探究式教学，教师课前要指导学生做好预习，课上要讲清重点难点、知识体系，引导学生主动思考、积极提问、自主探究。 教师要遵循学科特点，重视情境教学，融合运用传统与现代技术手段，创设体现课程内容、符合课程要求的生动场景，强化学生认知和情感体验，促进学生学习、探究、创新。

随着学校教学改革的不断深入，课堂教学研究已成为教学理论研究（教学论）的重要领域。我国课堂教学从目标到内容、从结构到功能、从过程到方法都在不断完善和发展。[①] 课堂教学改革在教学模式、教学方法、教学内容、教学组织与管理、教学评价、师生关系等方面不断推进。

深化课堂教学改革，是落实立德树人根本任务的重要抓手。教育部《关于全面深化课程改革落实立德树人根本任务的意见》明确提出，当前，高校和中小学课程改革从总体上看，整体规划、协同推进不够，与立德树人的要求还存在一定差距。需要进一步统筹小学、初中、高中、本专科、研究生等学段（包括职业院校），整体设计，明确目标，定位功能，完善高校和中小学课程有关标准，改进学科教学的育人功能，全面落实以学生为本的教育理念。学校课堂教学改革必须关注以下几点。

一、教学目标不清晰

教学目标是指教学活动实施的方向和预期取得的结果，是一切教学活动的出发点和最终归宿。但是，许多中小学教师在设计教学目标时存在一个普遍问题，即教学目标模糊化。以语文教学为例，有的教师这样设计教学目标："通过学习课文，培养学生热爱生活、关心他人的品质。""通过教学提高学生的阅读、写作能力。""培养学生的审美能力，提高学生的语文素养。"试想，一节课的教学能实现这么宽泛而含糊的教学目标吗？出现教学目标模糊问题的原因主要在于：第一，教师对教学目标的认识存在偏差，将教学目标当成摆设。当前比较流行的主要是三维教学目标，即知识与技能目标、过程与方法目标、情感态度与价值观目标。许多教师简单地将三维教学目标等同于三个教学目标，这就致使所设计的教学目标偏离了教育的本

---

① 李松林："课堂教学研究二十年：回顾、反思与重建"，载《教育理论与实践》2008 年第 31 期。

质。 第二，教师对本学科知识体系缺乏整体性认识，对自己所教学科不熟悉，缺乏相关的知识储备，这样就不可能设计出清晰具体的教学目标。 第三，教师在教学目标的制订上存在主观性与经验化倾向，凭借以往的教学经验制订教学目标或者直接从网络上截取统一化的教学目标，忽视了地区、学校差异和学生个性。

二、教学方法较单一或被滥用

当前我国中小学教学方法存在的问题主要有：一方面，教学方法单一化。 在大部分中小学课堂中，教师采用的教学方法往往只有讲授法、机械提问法等，学生合作学习、自主学习的时间被大大压缩。 另一方面，教学方法滥用化。 当前不乏一些教师滥用教学方法的现象，他们不能正确认识教学方法的使用问题，不清楚教学方法是用来服务课堂教学的，导致许多教学方法的使用流于形式，为了追求表面上的"热闹"而忽略了实质的效果。

三、教学重知识轻德育

学校为升学率而办、教师为成绩而教、学生为分数而学是当前学校教育面对的困境之一。 尤其在中学阶段，面临严峻的升学压力，教师只重视知识本身的传授，而忽视所授知识与其他知识的内在联系；只重视学生对知识本身的掌握，而忽视学生学习态度、学习习惯与学习方法的培养与形成，甚至忽视德育教育，使学校的德育陷入形式化、纯理论化、书面化的误区。 这种重知识轻德育的应试化教育存在严重弊端，一方面使学校德育教育处于虚化状态，严重偏离了教育培养"人"的初衷；另一方面，使学生思想不活跃、视野不开阔，功利化目的明显，缺乏批判精神和创新能力。

第三节 学校教学改革的路径分析

任何改革都有其基本路径。学校教学改革要结合经济社会发展的全局、教育改革的形势、学校教育教学的实际来推进，构建生命课堂，关注深度学习，重视学为中心，提升学生品德，聚焦教学目标、课程标准、教学主题、教学设计、教学形式等重点问题。

一、厘清三个关键问题

学校教学改革，要紧密结合经济社会发展的全局，厘清三个关键问题。

（一）从新时代对教育特别是基础教育的期待来分析和把握学校教学改革的基本要求

2018 年，习近平总书记在全国教育大会上指出，教育是国之大计、党之大计。基础教育在国民教育体系中处于基础性、先导性地位，必须把握好定位，全面贯彻落实党的教育方针，从多方面采取措施，努力把我国基础教育越办越好。基础教育是党和国家事业发展的根本之计、长远之计。从国家发展来看，基础教育质量是衡量国民素质和发展潜力的重要方面。基础教育的对象是青少年，他们正处于成长的关键时期，既要学习知识技能，也要塑造品德修养，可以说这个时期所受的教育，不仅对他们的一生有深远影响，也关系到国家的未来发展和整个民族的素质。因此，基础教育不仅仅是一个教育阶段，更重要的是它对人才培养具有启蒙作用、奠基意义。随着新一轮科技革命和产业革命的兴起，科技和人才越来越成为国际竞争力中的关键因素，我国清楚地认识到教育特别是基础教育，要培养学生的创新精神、动手能力，要着力培养堪当民族复兴大任的社会主义建设者和接班人，为党和国家事业的长远发展积蓄力量。学校教学改革应与社会改革和发展相适应，应与时代新人的培养要求相适应。

（二）从基础教育改革和发展的大趋势来分析和把握学校教学改革新走向

学校教学是落实立德树人根本任务的主渠道，是提高教育质量的主阵地。进入新时代，我国社会主要矛盾已经转化为人民日益增长的美好生活需要和不平衡不充分的发展之间的矛盾。具体到基础教育领域，集中表现为人民群众不仅希望"有学上"，更希望"上好学"，获得更加公平、优质的教育资源，接受高质量、多样化的教育。对于教学改革而言，要积极推进基于情境、问题导向的互动式、体验式等教学，探索开展验证性实验和探究性教学，鼓励学生提出问题、讨论问题和解决问题，不断激发学生的学习兴趣，提高学校教学质量。

（三）从国家教育改革和发展战略部署来分析和把握学校教学改革在推进国家教育现代化中的责任

2018 年，习近平总书记在全国教育大会上指出："要努力构建德智体美劳全面培养的教育体系，形成更高水平的人才培养体系。要把立德树人融入思想道德教育、文化知识教育、社会实践教育各环节，贯穿基础教育、职业教育、高等教育各领域，学科体系、教学体系、教材体系、管理体系要围绕这个目标来设计，教师要围绕这个目标来教，学生要围绕这个目标来学。凡是不利于实现这个目标的做法都要坚决改过来。"为落实习近平总书记重要讲话精神，2019 年，国务院办公厅《关于新时代推进普通高中育人方式改革的指导意见》，中共中央 国务院《关于深化教育教学改革全面提高义务教育质量的意见》相继出台。两个重要文件，均对强化课堂主阵地作用，积极探索基于情境、问题导向的互动式、启发式、探究式、体验式等学校教学，优化教学管理，切实提高学校教学质量提出了明确要求。

二、实现四个重要转变

学校教学改革要着重思考学校育人目标问题，即基于学生核心素养（关键能力）培养，研制校本化育人目标，重构学校教学观念，整体构建学校教学，着重实现四个转变。

（一）向生命课堂转变

教育教学的最终指向是学生的生命成长，学校教学实践对于学生思想品德的提升和精神世界的完善具有根本性作用与意义，因此，要努力构建基于学生生命内生，为了学生生命生长的生命课堂。显然，生命课堂是对以知识传递为逻辑起点的知识课堂的解构、扬弃和超越，是把坚定人的人生信念、陶冶人的情操、追求人的生命意义作为自身的价值追求的。

（二）向深度学习转变

所谓深度学习，是指在教师的引领下，学生围绕具有挑战性的学习主题，通过深度体验、深刻思考与互动探究，在知识、能力、素养等方面获得发展的有意义的学习过程。在这一过程中，学生深刻理解学习的意义和作用，掌握所学的核心知识，把握学科的本质和思想，形成积极的内在学习动力、高级的社会性情感以及正确的世界观、人生观和价值观，成为基础扎实又兼具合作性、批判性、创造性的复合型人才。在深度学习过程中，教师要引导和培养学生对知识的认知、理解、运用和创新能力，将教学与生活实际联系起来，从而丰富学生的情感体验，使其形成正确的价值观念。

（三）向学为中心转变

学为中心是近些年学校教学改革的基本理念。当前，重知识、轻能力，重传授、轻思考，重理论、轻实践的教学在学校教学中仍占较大比重，因此要切实转变教学方式，开展研究型、项目化、合作式教学，建立以学生发展为本的新型教学关系。教学从本质上而言，是"教"学生"学"，学生是学习的主体，也是学习的主人。如果教学是强迫性的，缺乏对主体意识的有效唤醒，那么学习就会变得机械且毫无生机，这样教学便失去了本来的意义。学校教学改革要从"教"向"学"转变，要着重唤醒学生"学"的主动性、积极性。新时代学校课堂教学的新形势要求教师运用富有启发性、激励性、情感性的语言进行教学，展现出对学生应有的尊重、理解与呵护，激励其努力发挥智慧。

（四）向提升学生品德转变

所谓教学，乃是教师教与学生学的统一活动。在这个活动中，学生掌握一定的知识和技能，同时，身心获得一定的发展，形成一定的思想品德。可见，品德形成与提升是学校课堂教学改革必须关注的重要内容。从整体上看，当前学校普遍重视智育，轻视德育、体育、美育，忽视劳动教育，导致德育、体育、美育和劳动教育成为学校教育的薄弱环节，成为学生发展的明显短板。学校教学改革必须高度重视课堂教学的育人功能，深入挖掘学科教学中的德育元素，深入推进学科育人，促进学生品德提升。

三、聚焦五项重点研究

新时代学校教学改革要重点关注教学目标、课程标准、教学主题、教学设计、教学形式等问题。

（一）分析、定位与设计教学目标

分析、定位与设计教学目标要结合三个方面的内容。一是结合学科课程标准的要求，做到对其认真研读、分析、领会；二是结合教材的编排，做到从整个学段、整本教材以及整个单元的视角定位一节课的教学目标，明晰设计逻辑、意图与要求；三是从学生素养、学科素养培养的要求出发，结合学校育人目标、核心素养表达，兼顾教学中对学生理解知识、迁移知识、创新知识的要求整体设计教学目标。

（二）研究课程标准

研究学科课程标准，结合其编排顺序、结构、逻辑等，具体把握每课的编写意图和目标要求，把握每课知识的相关背景材料，以及与社会生活的关联点，建立通向最近发展区的桥梁，把握新知识与旧知识之间的关联点。

（三）确定教学主题

教师在全面分析教学任务、教学内容和学生情况的基础上，确定教学目标，从而确定恰当的教学主题，促进教学以主题的形式推进，实现教学源于教材、高于教材、回归生活、指向素养的目标。

（四）创生教学设计

学习情境设计：学习情境要与学习主题相关，更要紧密结合教学内容，还要指向教学目标的达成，让学生在情境中学习。 学习资源设计：要凸显生活化、丰富性与鲜活度。 合作学习设计：要突出自主学习、合作探究的意义，创设问题、情境，激发学生合作探究、寻求问题解决方案的积极性。

（五）创新教学形式

推进学校智慧课堂建设，充分利用信息技术手段实现教学方式方法革新，体现学校教学的个性化、交往性、自主性与趣味性。 根据教学内容与教学目标，运用多种教学方法进行教学。 根据学生素养发展要求、教学内容情况，鼓励教师走出课堂，走向校外，采取主题探究、游学等灵活新颖的方式完成教学任务。

第三章

价值重建：学校教学改革的深度探索

　　从根本上说，教学是一个追求价值、创造价值和实现价值的过程。任何教育教学活动，都不可能回避价值问题。如果教育教学对价值问题避而不谈，就是没有真正理解教育教学的本质要求，就会迷失改革和发展的方向，不能到达理想教育的彼岸。人们对教育教学改革和发展的质疑和批判往往是从对其价值的质疑和批判开始的，并且以此为依据提出新的原则、方式和方法。对教学价值的认识、追求和改革是学校教学改革的核心和关键。教学不应该仅仅关注知识传授和分数高低，还应该特别重视人的综合素养的培育，要整体思考其对于育人的作用，思考育什么样的人、如何育人的问题。新时代，教学改革应把培养德智体美劳全面发展的时代新人作为价值追求，努力思考和构建适合新时代人才培养需求的教学体系。

　　本章分析了学校教学改革的关键域、关键点、主要内容等，旨在从历史的视角把握新时代学校教学改革的着力点、努力方向，以构建符合时代要求和育人目标的可操作的教学体系。

第一节　学校教学改革的关键域

学校教学改革并非包罗万象，而是有其关键方面，这些关键方面共同构成了学校教学改革的关键域。总体而言，学校教学改革的关键是理念和方式方法的改革，它们涉及学生主体地位的保障，师生关系的调整和重建，自主合作学习方式的建立，以及教学过程的预设与生成等。

一、学科育人

学科育人是全面地、全方位地、全过程地育人，是落实立德树人根本任务的一种有效方式。[①] 实现学科育人功能，是我国当前改革基础教育育人方式、全面提高基础教育质量的重要课题。研究者指出，学科课堂教学至少占据了学生在学校学习时间的 80%，有的甚至可能是 90%，所以最重要的问题是思考如何在这个主阵地上攻坚克难，教育工作者有这样的责任和使命，这不仅仅是一线老师的责任，更应该是全体教育人的责任。近些年，我国积极推动学科育人理念落地。"新基础教育"以"育人价值"为核心概念和主张，对其进行了学科层面的实践转化，提出在教学实践中深度开发与转化学科教学的育人价值。[②] 如，重庆市巴蜀小学提出了"基于学科育人功能的课程综合化实施与评价"改革主张，一方面注重发挥各学科的独特育人功能，防止"去学科化"倾向；另一方面，加强跨学科教育教学活动，充分发挥学科间的综合育人功能，提高学生综合分析问题、解决问题的能力，培养学生综合素养。再如，中国教育科学研究院朝阳实验学校（2017 年之前名为北京市五路居第一中学）从 2010 年开始，针对学生问题意识不强，理解

①王磊、张景斌："学科育人的理论逻辑、价值内容与实践路径"，载《教学与管理》2019 年第 30 期。
②李政涛："深度开发与转化学科教学的'育人价值'"，载《课程·教材·教法》2019 年第 3 期。

力、分析力、批判力不足等，以课题研究为引领，通过转变学科教学范式和开发促进思考力的主题课程双轮驱动，以专家深度介入、师生全员参与为基本保障，通过深度变革课堂教学理念，重构课堂教学结构，变换教学方式和评价方式等，充分发挥学科育人功能，有效落实立德树人根本任务，多维度、系统化培养学生，促进学生全面发展。 具体而言：一是教学改革整体化。 将教学改革置于学校育人体系之中，基于育人目标探索教学方式方法。 以教学改革撬动课程、评价、管理等整体改革，实现整体化育人。 二是学校课程体系化。 基于学校育人目标，整体、高位构建学校课程体系，发挥好其对育人目标实现与教学活动开展的桥梁作用。 三是学科课程整合化。 编写学科课程纲要，整合学科教学内容，开展大单元教学设计，促进全学科协同育人。 四是课堂教学深度化。 构建促进学生思维、品德、情感发展的教学模式与评价体系，推进课堂教学改革。

上述理论和实践探索为丰富和发展学科育人功能做出了有益贡献。 加强学科育人功能还要进一步做好如下工作。 一是明确各学科对学生的基于核心素养的学科能力发展的贡献，打通学科知识与能力素养协同发展的关系，实现不同学科的核心素养培养功能的贯通关联。 二是诊断和评价学生的基于核心素养的学科能力表现水平，探索评价学生的基于核心素养的学科能力表现水平的有效方法和策略，提高评价的科学性和精准性。 三是解决基于核心素养的学科能力在学校和课堂中"落地"培养的问题，实现"评——学——教——研"一体化，促进教育质量进一步提高。

二、师生互动

师生互动是指师生互相交流、共同探讨、互相促进的一种教学组织形式。 当代教学论认为，教学实际上起源于社会性互动，没有互动就没有教学，教学的本质就是师生主体间的互动，而良好的师生互动更是高效能教学的本质体现。 师生互动也是学校课堂教学中的关键教学行为之一，整个课堂均可被看成师生双边互动的有机场域。 学校课堂教学本身是一个包含多种互动要素的系统，而且具有层级性结构，教师与学生在课堂这一场域中有机互动从而实现知识的传授、能力的提升和情感的养成。

师生互动的有效性是指师生互动的教学组织活动产生了有效的结果。它包含三个方面的内容。 一是师生互教互学，形成真正的学习共同体。 师生关系是平等的、民主的，整个教学过程是师生共同参与、开发、丰富的。在互动中，学生能充分发挥自己的创造能力。 二是师生交流的信息十分广泛，知识、技能、情感、态度、价值观都得到充分的交流，在这些交流中，师生相互影响、相互补充，教学过程也就成为学生发现问题、提出问题、解决问题的过程。 三是师生共同参与、相互作用，通过合作实现教学目标。师生形成合力，促进学生主动发展，提高课堂效率，实现教学的最优化。 学生不是教师单方面灌输知识的对象，师生之间进行对话、交流，在沟通中学生进一步提升思辨能力。

三、自主合作学习

自主合作学习是现代学校课堂教学方式改革的主要指向，其好处是毋庸置疑的。 一是自主合作学习能充分体现教师的主导作用与学生的主体地位，能引导学生主动参与学习过程，摒弃了传统的"讲授式""满堂灌""填鸭式"的教学方式。 二是自主合作学习中，教师主要从学生学的角度设计和开展教学活动，让学生进行深入的自主合作探究学习，在课堂上学会知识、会学知识，进而形成核心素养。 三是自主合作学习能有效培养学生的交际能力、与他人合作的能力、解决冲突的能力，能让学生养成低声交流、认真倾听、尊重他人的习惯，能让学生进行思维、观点碰撞，能让学生与教师及其他同学分享自己的观点和方法。

自主合作学习给了学生更多学习的机会。 比如将辩论活动在适当的时机引入课堂，辩论就可以提升学生分析问题的能力，激活他们的思维，让他们真正享受到学习的乐趣，使他们变得勤于思考、大胆发言、乐于体验、善于提问，主动寻求解决问题的方法，并能运用自己在课堂上学到的知识、方法独立解决问题，不同程度地提高阅读能力、思考能力、语言表达能力、组织能力、合作能力，使他们自主学习的积极性、主动性更强烈，最终达到培养自主学习能力的目的。

自主合作学习中，首先，教师要修养自身品德，做到关爱学生、尊重学生，用自身的人格新样态吸引学生，获得学生的尊重和喜爱，即所谓"亲其师才能信其道"。教学是认识与情感互相促进的过程，建立起平等、和谐的师生关系，让学生在其乐融融的环境中学习，学习兴趣自然就能被激发出来，主动性也会自然地发挥出来。其次，教师应鼓励学生大胆地提出自己的见解，即使有时学生说得不准确、不完整，也要让他们把话说完，保护学生的积极性。教师要着力打造一个能够真诚交流、相互促进的和谐友善的学习环境，为学生提供充分发展个性的平台。最后，学生自主学习不是单方面的行动，教师作为特殊监管者，对学生自主学习进行监督是十分必要的。学生思想不够成熟，往往缺少自我反思意识，教师关注学生自主学习情况，帮助学生进行反思，能够有效提升学生的自主学习效果，以及能促使其构建思想认知体系。教师在课堂中应关注每一位学生，特别是学习基础差、纪律松散的学生，要及时发现他们身上的闪光点并给予积极评价，通过引导和评价帮助学生认识自我、树立学习信心，让他们体会成功的喜悦，增强自主学习的积极性。

四、预设和生成

学校教学总是在预设与生成的博弈中不断被推进。所谓有效教学，是指在经过一段时间的教师教学之后，学生获得了具体的进步或发展。换言之，学生有进步或有发展是教学有效的唯一指标。那么，有效教学又取决于什么呢？公认的说法是：有效的教学，首先取决于对课堂上应做什么做出正确的决定；其次取决于如何实现这些决定。① 这一阐述充分说明有效教学应是科学预设与精彩生成的统一，其中课前预设的"正确的决定"影响着预期的教学过程，而教学过程中"如何实现这些决定"则影响着现实的教学效果。

学校教学过程是师生交往互动、共同发展的动态过程。学校教学应该突破非科学预设的樊笼，变非科学预设为"生成与构建"，积极引导学生经历教学的"再创造"，使学生在参与和体悟"问题解决"的过程中，既长知识，又长智慧，让学生在"生成"中"构建"自己的认知结构，真正促进学生的终身可持续发展。

"五四运动"倡导的"德先生"（民主）与"赛先生"（科学）就是教师进行有效教学的永恒追求。所谓民主，就是指教师在课堂上首先要有民主平等的态度，把学生看作学习的主体，千万不能有与学生不平等的特权，还要避免某些学习好的学生独霸话语权。同时教师要创设和谐、平等的交流探究氛围，不仅要做知识的"呈现者"、对话的"引发者"、学习的"指导者"、学业的"评价者"，更要做教学过程中新资源生成的"重组者"，把学生看作教学资源的重要的"构建者"和"生成者"，让课堂有"精彩"生成。民主教学的目的应是培养学生的合作精神，让学生在合作之中建立共同的规范，在小组研究中探究新知，在分工合作中相互尊重。民主不仅是一种政治文明，而且是一种求知方式；不仅意味着相互协调意见，更是相互尊重、相互倾听、相互理解和交流的原则。总之，民主应贯穿于整个教学过程中。

所谓科学，即是教师在课堂上灵活运用随机反馈与调控措施，采取"因势利导""顺水推舟"等科学有效的策略施教。所谓因势利导、顺水推舟，是指教学中要找准教学的起点，并根据学生的层次来组织教学，切实根据学生的反馈——"顺水"，做好教学的调控工作——"推舟"，从而提高教学的

---

① 中央教育科学研究所、比较教育研究室：《简明国际教育百科全书·教学》（上册），教育科学出版社 1990 年版，第 146 页。

针对性和有效性。 常用的方法有:让学生先开口——找准起点,因人施教;
巧用学生的话——由此及彼,趁热打铁;妙用学生的错——将错就错,因势
利导;善用学生的问——顺势延伸,乘胜追击;活用学生的题——急中生
智,随机应变。

第二节　学校教学改革的关键点

学校教学是促进学生发展的重要方式,是实施素质教育的主渠道,是落
实学校育人目标的主要途径。 学校教学如何革除长期以来仅仅围绕学科知
识而进行的顽疾,转向学生关键能力的培养,转向育人目标的实现,任重而
道远。

一、教学模式

教学模式是沟通教育理论和教育实践的桥梁。 加强学校教学模式研
究,是深化学校教学改革的重要举措。 我国在学校教学内容、教学模式、教
学策略、教学组织形式等学校教学改革基本问题上已形成了新思路和新观
点。 仅以学校教学模式研究为例,研究者将具有代表性的模式进行了概
括:以教师讲授为主,系统传授和学习书本知识的教学模式[1];以学习者为
中心,组织学生从活动中学习的教学模式[2];设置个人的学习情境,严格控

---

[1] 北京师范大学教育系《教学认识论》编写组:《教学认识论》,北京燕山出版社 1988 年版,第
215 页。
[2] 北京师范大学教育系《教学认识论》编写组:《教学认识论》,北京燕山出版社 1988 年版,
第 218 页。

制学习过程的程序教学模式[1]；提供结构化材料，引导学生进行研究探索学习的教学模式[2]；等等。 杨小微[3]则将教学模式概括为教学的认知模式、教学的非理性模式、教学的社会学模式、教学的程控模式、教学的导学模式以及教学的整体优化模式等。 吴康宁等[4]从教学社会学的角度将教学模式区分为"指令－服从"型、"指令－交涉"型、"指令－抗争"型、"建议－采纳"型、"建议－参考"型、"建议－筛选"型、"参与－协从"型、"参与－合作"型、"参与－支配"型，共九种。

二、教学本质

进行学校教学改革研究，首先要认清学校教学的本质。 叶澜教授认为，"发展"作为一种开放的生成性的动态过程，不是外铄的，也不是内发的，人的发展只有在人的各种关系与活动的交互作用中才能实现。[5]因此，思考学生发展问题应以"关系"与"活动"为框架，学校教学要注重师生、生生、生本、师本等两两或者交叉的关系。 只有捋顺与弄通了它们之间的关系，并以"生"的发展为根本处理其相互关系，学校教学改革的方向才能正确。 此外，教与学从本质上而言，是一种生态的、生活的、有生命价值的活动，因此，要特别关注学生的学习状态与学习方式。 单一教授式的学校教学方式，是非生态的，不利于活动意义上的教学的开展，也不利于学生主体性的发挥。 裴娣娜教授认为，课堂教学是在实践与活动基础上通过合作

①北京师范大学教育系《教学认识论》编写组：《教学认识论》，北京燕山出版社1988年版，第220页。
②北京师范大学教育系《教学认识论》编写组：《教学认识论》，北京燕山出版社1988年版，第222页。
③杨小微：《中小学教学模式》，湖北教育出版社1990年版。
④吴康宁、程晓樵、吴永军，等："教学的社会学模式初探"，载《教育研究》1995年第7期。
⑤叶澜："重建课堂教学价值观"，载《教育研究》2002年第5期。

与交往促进学生差异发展的过程，因此具有基础性、实践性、社会性和文化性。① 学校教学具有"活动－实践性""交往－社会性""文化－价值性"等特性，它们反映了学校教学的本质，拓宽了学校教学研究的视野和关注域。要在课堂外即宏观的社会背景和教育改革发展背景下，研究与改进学校教学，既要分析社会改革发展对学生的学习以及未来的发展提出了哪些新要求、新期望，也要关注新时代背景下，学生学习方式、学习观念的新变革；要关注教学方式的更新，改变传统教学方式，从学习、交往、社会生活等多重视角整体思考和构建学校教学方式，体现多元价值需求。 教师要转变仅仅从"教"的视角思考和从教学任务完成的视角设计教学的狭隘观念。 就培养学生关键能力而言，学习意味着学生通过主动参与教学活动，主动地构建知识体系，能动地改造价值观念。

三、实践样态

我国学校教学实践样态丰富。 裴娣娜②教授尝试性地对当下各种课堂教学形态进行了描述性归纳。

（1）基于生命自觉的课堂。 如生命课堂、生本（学本）课堂、快乐课堂。

（2）基于情境教育、生态观、素质教育、教学文化的课堂。 这种课堂注重创设问题情境，展示思维过程，使学生进行有效的思维活动。

（3）基于回归生活的课堂。 其教学关注点是联系生活、创设情境、体验生活。

（4）基于合作交往的课堂。 这类课堂更关注学生的社会交往意识、社会角色规范和社会交往技能的培养，引导学生学会合作，学会协调人际关系，学会相互尊重、自尊自信，培养学生的社会适应性。

---

① 裴娣娜："课堂教学改革40年实践探索"，载《中国教师报》2018年12月26日。
② 裴娣娜："课堂教学改革40年实践探索"，载《中国教师报》2018年12月26日。

（5）基于信息技术条件的智慧课堂、个性化学习课堂。

此外，还有从国外引进的如"翻转课堂"，关注成效的若干"高效课堂"，区域性推进的"品质课堂""自主学习与发展课堂"等。无论何种类型的课堂，均体现了学校教学的基础性、实践性和文化性。

我国学校教学样态的丰富性，体现了我国近些年学校教学改革的新发展。举例而言，广州市荔湾区康有为纪念小学，结合学校校名，提炼出了"有为教育"的学校办学理念。该学校认为，"有为"是指具有良好素质的人努力进取，发挥自身的才能，达到有所作为。简单地说，就是有所作为，有所建树。"有为教育"就是让学校里的所有人的品德、学识、技能等，在学校的工作、学习过程中有所提高，并在提高的过程中体验到成长、收获的愉悦，使在校所有人的学习、工作和生活都向更高、更好发展。康有为纪念小学的"有为教育"，既为学生提供展示个性特长的机会，更着力培养学生的创新精神、实践能力，努力让学生拥有强健的体魄、良好的品德、优异的成绩，培养学生成为爱国、有梦想、有担当和有创新精神的一代新人。学校根据"有为教育"理念，让"成功每一步，有为每一天"成为学生日常学习、生活的目标，让学生从小树立远大志向，多做有益之事，常怀感恩之心，努力成为学有所长的有为学生。

康有为纪念小学在落实"有为教育"理念的过程中提出了"有为课堂"教学模式，具体分为三个环节。一是想"为"：自我发现、提高兴趣。教师尊重学生的学习愿望，在学生自主选择学习内容的基础上进行教学或布置学习任务，激发学生的学习兴趣和积极性。这种方式可以刺激学生的学习欲望，向学生提出明确的目标，让学生按自己的能力和水平进行学习。二是能"为"：互助互进、培养能力。教师采取一定的方式对学生进行学习方法的传授、渗透、指导、训练，使其掌握科学的学习方法并能动地运用于自己的学习实践中，进而形成自主学习的能力。对学生学习方法进行指导，让学生知道如何学习，实现"能学"。"授人以鱼，不如授之以渔。授人以鱼只救一时之急，授人以渔则可解一生之需。"这是康有为纪念小学办学信念之一。 三是真"为"：吸收内化、精进精出。 对于每节课的教学内容，教师都进行检查，及时发现问题、解决问题，保证学生吸收内化，并会运用实践，做到学有所获，实现"真学"。

第三节 学校教学改革的主要内容

学校教学改革是一场系统性改革，涉及教学理念、教学目标、教学方法、教学形态等内容。 教学理念在整个教学中发挥着思想统领和方向指引的重要作用。 教学目标是教学的价值追求。 教学方法是教学理念落地的重要途径。 教学改革如果不涉及方式方法的改革，则不是真正的改革，无法赢得教师、学生和家长的信服和支持。 教学形态是教学呈现出的外在形象，是教学改革的核心和关键内容。

一、改革理念

理念是实践的先导。 一切学校教学改革实践都是以理念为指引而进行的。 在教学改革和发展的进程中，涌现出了一大批有着重要理论和实践价值的教学改革思想和主张，为推进学校教学改革做出了突出贡献。 如，赞可夫提出"以尽可能大的教学效果来促进学生的一般发展"[1]，"致力于探求新的途径去促进学生的一般发展"[2]。 围绕这一中心思想，赞可夫提出了高难度原则、高速度原则、理论知识的主导作用原则等。 此外，如，巴班斯基

---

[1]［苏］赞可夫：《教学与发展》，杜殿坤、张世臣、俞翔辉等译，文化教育出版社1980年版，第21页。
[2]［苏］赞可夫：《教学与发展》，杜殿坤、张世臣、俞翔辉等译，文化教育出版社1980年版，第17页。

提出了教学过程最优化理论、布鲁纳提出了结构主义课程理论、斯金纳提出了程序教学理论等，这些都是他们根据自己的教学实践提出的独特的有价值的教学主张或理念。可以说，更新教学理念已经成为学校教学改革的重要前提条件。我国第八次基础教育课程改革，提出了"全面推进素质教育"的改革理念，具体推进六项改革举措，即《基础教育课程改革纲要（试行）》中提出的基础教育课程改革具体目标：改变课程过于注重知识传授的倾向，强调形成积极主动的学习态度，使获得基础知识与基本技能的过程同时成为学会学习和形成正确价值观的过程。改变课程结构过于强调学科本位、科目过多和缺乏整合的现状，整体设置九年一贯的课程门类和课时比例，并设置综合课程，以适应不同地区和学生发展的需求，体现课程结构的均衡性、综合性和选择性。改变课程内容"难、繁、偏、旧"和过于注重书本知识的现状，加强课程内容与学生生活以及现代社会和科技发展的联系，关注学生的学习兴趣和经验，精选终身学习必备的基础知识和技能。改变课程实施过于强调接受学习、死记硬背、机械训练的现状，倡导学生主动参与、乐于探究、勤于动手，培养学生搜集和处理信息的能力、获取新知识的能力、分析和解决问题的能力以及交流与合作的能力。改变课程评价过分强调甄别与选拔的功能，发挥评价促进学生发展、教师提高和改进教学实践的功能。改变课程管理过于集中的状况，实行国家、地方、学校三级课程管理，增强课程对地方、学校及学生的适应性。当下，学校教学改革应围绕以上六项改革目标，结合学校具体情况，提出符合学校教学实际的改革理念和改革主张，积极推进改革实践，深化学校教学改革。只有这样，学校教学改革才有成效，才能真正促进学生发展。此外，学校教学理念的提出应坚持与时俱进的原则，同时，要结合当下以及未来一段时间人才培养的新要求实践这些新的教学理念。

二、改革目标

从目标方向和价值追求的变迁来看，我国学校教学改革经历了从"双基"到"三维目标"再到"核心素养"三个阶段。"双基"，即基础知识传授、基本技能训练。 有研究者指出，以"双基"为中心的教学，从大纲到教材再到课堂，形成了一整套中国特有的"双基"教学论：重视基础知识的讲授、基本技能的训练，讲究精讲多练，主张"练中学"，相信"熟能生巧"，追求基础知识的记忆和掌握、基本技能的操演和熟练，以学生获得扎实的基础知识、熟练的基本技能和较高的解题能力为主要教学目标。①

2001 年，新一轮基础教育课程改革在全国陆续推进。 教育部印发了《基础教育课程改革纲要（试行）》，提出"国家课程标准是教材编写、教学、评估和考试命题的依据，是国家管理和评价课程的基础。 应体现国家对不同阶段的学生在知识与技能、过程与方法、情感态度与价值观等方面的基本要求，规定各门课程的性质、目标、内容框架，提出教学和评价建议"。 知识与技能、过程与方法、情感态度与价值观三维目标成为新一轮基础教育课程改革的目标。 有研究者指出，新基础教育课程标准（2017 年版）的最大亮点是在课程基本理念、课程目标、内容标准和实施建议等方面全面体现"知识与技能、过程与方法以及情感态度与价值观"三位一体的课程功能，其中把"过程与方法"作为课程目标之一是课程标准的显著特征，体现了对学生学习能力培养的显性要求，把"情感态度与价值观"作为课程目标之一体现了对学生态度养成和人格发展的关注，这些都在课程标准特别是内容标准中有所体现。 实际上，课程标准在内容的选择和组织上也特别注重突破传统的"双基"导向和学科中心，积极关注学生的生活经验和现代社会、科技发展，从而改变课程内容"难、繁、偏、旧"的现状，而以课程标准为准绳的教科书自然给人面目一新的感觉。②

2014 年，教育部《关于全面深化课程改革落实立德树人根本任务的意见》发布，提出"研究制订学生发展核心素养体系和学业质量标准。 要根据

---

①余文森："课程教学改革目标方向的 40 年变迁"，载《中国教师报》2018 年 12 月 26 日。
②余文森："课程教学改革目标方向的 40 年变迁"，载《中国教师报》2018 年 12 月 26 日。

学生的成长规律和社会对人才的需求，把对学生德智体美全面发展总体要求和社会主义核心价值观的有关内容具体化、细化，深入回答'培养什么人、怎样培养人'的问题。教育部将组织研究提出各学段学生发展核心素养体系，明确学生应具备的适应终身发展和社会发展需要的必备品格和关键能力，突出强调个人修养、社会关爱、家国情怀，更加注重自主发展、合作参与、创新实践"。2016年9月，《中国学生发展核心素养》正式发布。在后续的课程标准修订中，基于学科核心素养的普通高中各学科课程标准陆续发布，基于核心素养的普通高中学校教学目标逐步确立。如，2017年版普通高中课程标准修订凝练了学科核心素养，认为中国学生发展核心素养是党的教育方针的具体化、细化。为建立核心素养与课程教学的内在联系，充分挖掘各学科课程教学对全面贯彻党的教育方针、落实立德树人根本任务、发展素质教育的独特育人价值，各学科基于学科本质凝练了本学科的核心素养，明确了学生学习该学科课程后应达成的正确价值观念、必备品格和关键能力，对知识与技能、过程与方法、情感态度与价值观三维目标进行了整合。课程标准还围绕核心素养的落实，明确课程内容要求和教学设计要求，提出考试评价和教材编写建议。以《普通高中数学课程标准（2017年版）》为例，该课程标准认为，学科核心素养是育人价值的集中体现，是学生通过学科学习而逐步形成的正确价值观念、必备品格和关键能力。数学学科核心素养是数学课程目标的集中体现，是具有数学基本特征的思维品质、关键能力以及情感态度与价值观的综合体现，是在数学学习和应用的过程中逐步形成和发展的。数学学科核心素养包括：数学抽象、逻辑推理、数学建模、直观想象、数学运算和数据分析。这些数学学科核心素养既相对独立，又相互交融，是一个有机的整体。

从"双基"到"三维目标"再到"核心素养"的变化，体现了我国学校课程改革的不断推进既适应经济社会发展的需要，也适应未来人才发展的需要。在这一过程中，中小学校应及时改革学校教学目标，为培养时代新人找准方向。

三、改革方法

教学方法改革是学校教学改革的重要内容。 一般而言，教学方法是指为了达到教学目的、完成教学任务，由教学原则指导的，由一整套方式组成的，师生相互作用的活动。[①] 中小学常用的教学方法有讲授、谈话（讨论）、读书、演示、观察、参观、实验、练习等。 其中讲授法是当前中小学课堂教学常用的。 然而，使用什么样的教学方法要根据教学内容的不同、学生的不同、教师的不同而灵活机动地来安排，机械照搬、千篇一律地使用一种方法进行教学，不仅影响教学效果，也不利于学生主体性发展。 一般而言，教学方法的选择要有三方面的依据：一是要看当前的教学任务，是传授和学习新知识，还是形成某种技能技巧等；二是要看教材内容的特点，是事实性知识，还是理论性知识，是多是少，是科学性强的还是艺术性强的等；三是要看学生的年龄特征，是高年级还是低年级，知识基础和心理状态如何等。[②] 总体而言，每一种教学方法都有其特点和长处，没有万能的教学方法。 教学方法改革要着眼于一种教学方法体系的形成或者多种教学方法的有机组合。 2019 年，中共中央 国务院《关于深化教育教学改革全面提高义务教育质量的意见》发布，提出坚持教学相长，注重启发式、互动式、探究式教学，教师课前要指导学生做好预习，课上要讲清重点难点、知识体系，引导学生主动思考、积极提问、自主探究。 融合运用传统与现代技术手段，重视情境教学；探索基于学科的课程综合化教学，开展研究型、项目化、合作式学习。 学校教学改革要以此为基本指向，重点做好启发式、互动式、探究式教学方法改革，探索基于学科的课程综合化教学，引导学生进行合作式学习。

————————————

① 王策三：《教学论稿》，人民教育出版社 2005 年版，第 239 页。
② 王策三：《教学论稿》，人民教育出版社 2005 年版，第 248 页。

四、改革形态

　　学校教学形态变革是学校教学系统体系结构变革的核心内容，涉及学校教学系统的四个主要组成要素：教师、学生、教学内容、教学媒体。在"互联网＋"时代，新型学校教学结构在理念上不仅强调学生在教学过程中的主体性作用，还关注教师对学生学习的主导性作用。当下，很少有教师能够把学生作为教学的主体和积极的构建者，学生所学习的依旧是教师安排好的内容，教师只是机械地完成教学预设目标。"互联网＋"时代需要构建的是一种主动式的学校教学结构，它需要教师和学生自觉地、有意识地发挥自己的主观能动性，切实做到以教师为主导，以学生为主体。但是，要达到这种境地，还必须有一套有效的教学辅助系统。因此，学校需要对多种教育资源进行合理有效的开发、整合并加以利用。学校必须拥有发现教育资源的意识和能力，只有这些教育资源被充分挖掘出来并加以合理利用，才有助于促进学校教学系统体系结构变革。

　　尤其是 2020 年新冠肺炎疫情发生以来，"停课不停学"现状进一步促进了线上教育与线下教育的融合式发展。有研究者指出，线下教育把多种可能性变成了一种或几种可能性。人的性格的多样性，认知风格的多样性，发展路径的多样性等，都被窄化了。线上教育可以呈现多样化的教学风格，可以同时提供讲解、演示、讨论等不同教学方式，也可以借助软件营造虚拟现实，进行虚拟实验，而且所有这些教学形式可以同时被利用，可以构成一种立体教学环境，这就为学生提供了自主选择的可能。线下课堂教学的教学通道是单一的，教学内容、教学难度和速度、教学方式，主要取决于教师。而线上教育可以把主动权交给学生，什么时候学、学什么、学习时间的长短、学习速度的快慢、是否需要重复学习，都可以由学生自己决定。[1] 此外，有研究者指出，在疫情防控常态化的背景下，大单元教学在课堂效益上具有明显优势，它倡导以大概念为核心进行单元任务设计，打破按教材章节进行教学的陈规，突出学科知识体系的完整性，帮助学生更好地建立自己的知识网络。[2] 可见，大力推进线下教育与线上教育的融合发展，充分发挥线上教育资源丰富、方便快捷等优势，加快促进学校教学结构转型，将是未来很长一段时间学校教学改革的重要内容。

---

[1] 袁振国：《再谈疫情后教育的线上线下融合》，https://mp. weixin. qq. com/s/mhNg20FG5IFPId7wMIQB1A。
[2] 曹培杰："复课后，构建混合式教学新生态"，载《中国教育报》2020 年 5 月 9 日。

第四章

规范高效：学校教学模式变革

　　教学模式是沟通教育理论和教育实践的桥梁。教学模式改革是学校教学改革的重要范畴。一般而言，教学模式就是教学过程的模式，包含教学策略、教学方法的运用等。对教学模式的选择，体现了对教学理论的认识、选择和运用。因此，学校教学改革必然涉及教学模式改革，教学模式改革已成为教学理论研究和学校教学实践日益重点关注的方面。如今，教学模式成为介于教学理论与教学实践之间的，能够给予教学实践一定指导的，使教学活动成为一个整体的、系统的、优化的过程的中介之物。可见，研究和运用教学模式对于整体推进学校教学具有重要价值。

　　本章分析了学校教学模式的内涵和特征，学校教学模式典型案例，学校教学模式变革中存在的主要问题和未来教学模式变革方向，致力于分析教学模式的本质和作用，认识教学模式典型案例的试点作用、先进经验及其局限性，从而为更好推进教学模式变革指明方向。

第一节　学校教学模式变革

　　"模式"（model）是从国外引进来的概念。一般认为，模式是再现现实的一种理论性的、简化的形式。教学模式源于自然科学或工程技术领域中的模型研究。比如，最常见的是数学中的建模研究，用来揭示和解决自然科学或工程技术中的复杂问题。模式在应用到教学研究之后，就出现了教学模式。

一、教学模式概述

　　教学模式属于教学论研究的范畴。教学论作为一种对教学活动高度凝练的表达，一般而言，语言晦涩、抽象，在教学实践中难以被理解与应用。教学模式作为沟通教学理论与教学实践的"桥梁"便应运而生。在教学论发展史上，最早将教学模式引入教学论研究领域的是美国的乔伊斯（B. Joyce）和韦尔（M. Well）等，1972 年他们出版了《教学模式》一书。在我国，20 世纪 80 年代才有相关的研究与介绍。尽管学者对教学模式的概念界定不一，但一般而言，一种教学模式都包含教学思想（教学理论）、教学目标、操作程序、师生组合、教学条件和教学评价等要素。

　　随着时代的进步和教育理论的发展，特别是教育教学实践的发展，教学模式的创生与选择也变得多元起来。当下，无论是国内还是国外，教学模式种类繁多。20 世纪 80 年代，经乔伊斯和韦尔等统计的教学模式大概有23 种。教学模式是构成课程和课业、选择教材、提示教师活动的一种范型或计划。教学模式是培养模式中最活跃和最具有创新意义的组成部分，教学模式创新与变革对培养模式的多样化发展起着重要的支撑与推动作用。

　　教学模式是对各种具体有效的教学活动方式的选择、抽象和概括，又通过简明扼要的解释或象征性的符号，反映出其所内涵的教学理论或教学思想的基本特征,比一般的教学理论更接近教学实践。 它既为教师从模仿进入创造提供若干范式,又是学习者从中提取理论精华的依据。 如果说学校教学研究为教学理论与教学实践的沟通提供了一种可能的路径,那么学校教学模式则具体承担了沟通中的桥梁与中介的角色。 这样的角色让学校教学模式研究变得意义重大。

如果说 20 世纪 80 年代初期,零星的教学法改革实验为教学模式的形成与发展奠定了基础,那么学校教学模式则于 20 世纪 90 年代进入了蓬勃发展期。 有关注学生需求和兴趣的教学模式,如主体教学模式、合作学习模式;有关注教师成长的教学模式,如反思性教学模式、微格教学模式;有关注知识结构的教学模式,如分层(分组)教学模式、问题解决教学模式;有关注师生关系的教学模式,如"导-学"型教学模式、"双主"教学模式。 此外,还有一些比较有学科特色的教学模式,具有代表性的有开放性作文教学模式、小学阅读教学模式、丁有宽读写结合导练教学模式、小学数学"五步程序"教学模式、历史课范例教学模式等。①

二、教学模式特征

2001 年以来,在新一轮基础教育课程改革的推动下,部分学校在总结原有学校教学模式的基础上不断创新,在实践中构建了一些极具特色的教学模式,影响较大的有山东省聊城市杜郎口中学的"三三六" 自主学习教学模式,江苏省泰兴市洋思中学的"先学后教,当堂训练"教学模式,山东省潍坊市昌乐二中的"271"高效课堂教学模式等。 如今,在课程改革的进一步推动下,特别是在"多样化发展"思想的引导下,各地在教学过程中,不断创生出形式多样的学校教学模式,教学模式在不断变革。 学校教学模式呈

---

① 王婷、徐继存、王爱菊:"改革开放四十年我国课堂教学研究的回顾与反思",载《教育学报》2018 年第 1 期。

现出以下几个特点。

一是教学模式多样化。 从大的范围而言，教学模式呈现出多样化是当前及今后教学模式发展的一大特点，是教育走向个性化、尊重学生主体地位的重要表征。 随着人们思想的不断解放及课程权力的下放，各地都在探究适合自己特色的教学模式，涌现出了一些典型的、有特色的教学模式，除上文中提到的三种外，还如山东省费县一中"315"高效课堂教学模式、山东省济宁市兖州区一中循环大课堂教学模式、郑州市九中分课型教学模式等。

二是学生主体性得到彰显，课堂逐渐焕发出"生命力"。 各地涌现的教学模式彰显了学生的学习主体性。 在学生自学的基础上，个体学习与交往学习、个体学习与小组互助学习、个体学习与示范带动学习等被紧密结合起来，学习反馈和强化环节被普遍关注。 如费县一中的"315"高效课堂教学模式将课堂分为三个阶段，每个阶段各15分钟，三个阶段的教学内容分别是学情展示、疑点透析、预习指导。 其基本理念是教师的责任不在于教，而在于教会学生学。 教师要当好导演，把舞台让给学生，教师不当饲养员，要做牧羊人。 如此，课堂教学不再死气沉沉，不再是教师的一言堂，课堂逐步成为教师与学生交流、对话的课堂，焕发出鲜活的"生命力"。

三是教学模式强化了校本性。 许多学校进行教学模式研究时，在合理借鉴其他学校成功经验的基础上，结合本校办学理念、办学经验、文化特色构建教学模式，模式体现校本性。 如费县一中的"315"高效课堂教学模式就是在不断总结杜郎口模式、洋思模式经验的基础上，结合本校特色不断摸索创新出来的。

四是教学模式的探索、实践还处于较低层次。 目前，各地有关教学模式的探索与实践基本上是以学校为单位进行的。 在改革中，一些校领导或地方教育行政部门由于急于树立品牌效应，在学校或本行政区内大力推广一些教学模式，形成教学模式推陈出新的"繁荣"景象。 而实际上，一些被大力推广的教学模式难以得到多数教师的支持和借鉴，这些教学模式的实质难以被把握和领会。 总体而言，对教学模式的探索、实践还处于较低层次。

第二节　典型教学模式分析

一、洋思中学教学模式

洋思中学坚持"没有教不好的学生"这一理念,以"先学后教,当堂训练"为教学模式,以"全方位、科学化、系统化的层层承包责任制"为管理手段,经过长时间努力,由一所不知名学校发展成为"中国名校"。 其实洋思中学早在 20 世纪 80 年代就开始了"先学后教,当堂训练"的学校教学改革。 1999 年江苏省教育主管部门下发了《关于学习洋思初中改革课堂教学模式,全面提高课程实施水平的指导意见》,在全省中小学推广这种教学模式。

洋思中学的"先学后教,当堂训练"教学模式,可以具体化为:提出目标、指导自学、互学互教、当堂反馈。 整个教学过程都是让学生学,让学生读,让学生思,让学生实践。[1] 洋思中学教学模式具体内容有以下几点。

(一)教学理念

教师的责任不在于教,而在于教学生学。 先学后教,以教导学,以学促教。

(二)教学策略

一是规定每堂课中教师讲课时间不超过 10 分钟,一般在 7 分钟左右,有的课仅有 4 分钟。 保证学生每节课至少有 30 分钟的连续自学时间。

二是根据不同年级、不同学科、不同内容、不同基础,灵活运用"先学后教,当堂训练"教学模式,坚持做到该少讲的不多讲,保证学生有足够的自学时间。

三是学生自谋自学策略。 开始时教师给学生自学的锦囊妙计,为学生谋划自学策略,之后,每个学生探索自己的自学策略,开始是自控的,逐渐

---

[1]张荣伟:《新中国教育实验改革》,天津教育出版社 2010 年版。

地形成习惯。 学生养成良好的自学习惯是教学成功的主要因素之一。

四是合作精神与合作能力是自学的力量源泉。"兵"教"兵",精诚合作,在"兵"教"兵"中,学习困难学生弄懂了教学中的疑难内容,学习好的学生增强了对知识的理解,在合作中互相提高。

五是教师精心备课,言传身教。 教师的形象、气质、教学基本功、教学艺术等潜移默化地影响学生,教师将教育情感、态度、价值观在教学中进行渗透。

(三)集体备课

集体备课重点研究的问题包括六个方面。

一是研究如何引导学生,才能使自学最有效。

二是研究下一周各课时的教学方案。

三是确定学生自学内容、自学方式、自学时间、自学要求。

四是分析自学中可能遇到的疑难问题。

五是设计能最大限度地暴露学生自学后存在问题的当堂测验题。

六是设计学生自行解决这些问题的策略。

总之,备课的指导思想是,"教"要根据学生的"学"来组织和进行。

(四)备课笔记

备课笔记主要体现四个方面的内容。

一是课题、教学内容。

二是学习重点。

三是关于学生思考的内容。 从学生实际出发,写出指导学生的策略。

四是课堂检测题。

(五)教学流程

一是"先学"。 教师简明扼要地出示学习目标,提出自学要求,进行学前指导;规定自学内容,提出思考题;确定自学时间;学生完成自测题目。

二是"后教"。在自学的基础上，教师与学生、学生与学生之间互动学习。教师对学生解决不了的疑难问题进行通俗有效的讲解。

三是当堂训练。在"先学后教"之后，学生通过一定时间和一定量的训练，应用所学过的知识解决实际问题，加深对课堂上所学的重、难点内容的理解。

课堂上学生自学的形式为：学生独立思考——学生之间讨论——学生之间交流经验。

采用这种教学模式后，教师不再留作业，学生在课堂上完全解决所有问题，当堂消化学习内容。

（六）教师的作用

一是教师以学定教。教师的教学以研究学生怎么学、学什么为主要内容，集中解决为什么学、学的效果怎样等问题。

二是教师教学语言准确简练，能准确地给出教学目标，尽快地激发学生学习兴趣。教师提出自学要求、自学内容、自学方法。

三是教师在课桌行间巡视，个别答疑与个别询问，充分了解学情，最大限度地发现学生在自学中的疑难问题，为"后教"做好准备。

四是把握好教的原则。学生会的不教，学生说明白的不重复，学生不会的尽量让学生自己解决。教师少讲、精讲，只做点拨性的引导。

五是对课堂检测题，教师给出答案，让学生自己探索过程与规律。这样，教师才能真正从一线退到二线，为学生自学、思考、答疑当好参谋。

（七）"兵"教"兵"

一是"兵"教"兵"体现在"后教"的环节上。针对学生自学中暴露出来的问题或训练中存在的错误，教师引导学生讨论，让会的学生教不会的学生，教师只做评定和补充更正。

二是"兵"教"兵"体现在课后的学习中。对学习有困难的学生，教师指定学习好的学生进行帮助，单独辅导，学习成绩好的学生与学习有困难的学生搭配坐在一起，同住一个寝室，结成帮扶对子，成为朋友。

（八）在"做"中学

一是让学生动起来。课堂上，每一个环节都让学生"自学"，自学不是单纯看书，而是边看边动手操作、动眼观察、动口交流，使学生能真切感悟知识的习得。

二是"做"的过程是创新的过程。学生经历自学过程，对知识进行自我感悟，这本身就是创新。

三是允许差异。在"做"的过程中，学生根据自我基础、自我体验，采取不同方法与途径进行学习，且只要能达到目标，老师就给予充分肯定。

四是学生在"做"的过程中，不仅学会了知识，更重要的是学会了学习、学会了应用、学会了提高，为可持续发展创造了条件。

五是在学中"做"，在"做"中学，学生不但养成了良好的自学习惯，而且养成了自觉做事的好习惯，不依赖别人，什么事都自己动手操作，成为勤快、爱活动的人。

在对洋思中学教学模式的研究中，有学者认为，洋思模式是美国教育家布卢姆"掌握学习理论"的实践例证，也是"目标教学"的成功范例，从中不仅可以感觉到"掌握学习""结构主义教学""差异教学""人本主义教育理论""教学与发展理论""合作教育理论""人际互动理论"的影子，也能感受到"民主平等"的伦理思想。[1]

二、杜郎口中学教学模式

杜郎口中学从 1998 年开始进行课堂教学改革，经过数年探索，由教育教学双差校发展成为当地教育的"东方明珠"。杜郎口中学以"小组合作学

---

[1] 华国栋、高宝立："实施优质教育，促进全体学生全面发展——江苏省泰兴市洋思中学的经验及启示"，载《教育研究》2005 年第 6 期。

习"和"10＋35"分钟课堂模式为基础,实践"三三六"自主学习教学模式。 "三三六",即"三个特点"——立体式、大容量、快节奏;"三大模块"——预习、展示、反馈;"六个环节"——预习交流、明确目标、分组合作、展示提升、穿插巩固、达标测评。 评价该教学模式效果的指标主要是学生的学习态度是否积极、参与度是否高、表达是否精彩、能否举一反三等。[①] 小组建设和导学案的设计是"三三六"自主学习教学模式的关键。就"小组建设"来说,一般采取异质分组方式,即将全班学生分成六个小组,每个小组都要兼顾高、中、低三个层次,一般六个人为一组较佳,即AA、BB、CC。 如果组内人数较多,可以组内再分组。 就"导学案"来说,经五步生成:主备人先"个备";主备人返回学科组"群议";主备人结合大家的意见,"修订"并分给相关任课教师;各任课教师再结合自己班级学生的实际情况进行"个备";各任课教师最后结合授课经历,做"课后修订"。 同时"导学案"在难度、内容和形式上分为四个级别:第一级为"识记类内容",要求学生在课前必须解决;第二级为"理解类内容",要求学生能把新知识与原有知识和生活相关联;第三级为"应用类内容",要求学生学以致用,能解决例题和习题;第四级为"拓展类内容",要求学生能把知识、经验与社会现实以及最新科技成果相关联。 学生可以根据自己的学习状况自主选择这四级内容。[②]

杜郎口中学将课堂还给学生的教学改革模式成为我国基础教育课程改革中的一股新潮流,由于其改革效果良好,影响力大,由此涌现了一批"杜郎口类"教学模式,如山东省济宁市兖州区一中的循环大课堂模式。 与杜郎口中学从改变课堂的"组织"入手不同,该模式通过改变教学"结构"进行变革,变杜郎口中学的"10＋35"为"35＋10",变杜郎口中学课堂连贯的三大模块"预习、展示、反馈"为"展示＋预习"。 "展示""预习"是截然

---

① 张荣伟:《新中国教育实验改革》,天津教育出版社2010年版。
② 李炳亭:"高效课堂的'艺术'和'技术'",载《中小学管理》2010年第1期。

不同的两段，"展示"是展示上节课的内容，"预习"是对下节课内容的预习。① 此外，有学者指出，高效课堂由八大系统支撑：小组系统、流程系统、互动（沟通）系统、反思系统、导学案系统、评价系统、呈现系统、文化系统，每个大系统再按课内、课外和学校划分，总数就可达二十四个子系统。②

另外，在高效课堂基本模式下，还衍生出了其他的学校教学模式，如"学做导合一"高效课堂教学模式③，"转方式、调结构"造就的"精彩主持"课堂教学模式。"转方式"重在发挥学生的主体地位，教学过程基本上由担任主持人（每个学生都要轮流担任主持人）的两名学生负责，各学习小组竞相参与，教师则充当裁判角色，并且强调让学生的学习结果外显出来；"调结构"后，在"精彩主持"课堂上学生沿着主持——补充——联想——预测——受检的思维顺序，将他们关注和思考的问题、各自的智慧展示在课堂上，通过多样的学习活动，如观察分析、讨论交流、质疑问难等，掌握知识，学会方法，培养能力，陶冶情操。④

三、昌乐二中教学模式

昌乐二中针对传统学校教学的弊端，从培养学生综合素质出发，总结出了以学校教学为核心，以目标性、针对性、高性能为特点，变备教材、备教法为备学生、备学法，着力培养学生的学习能力，将预习、互动、测评三大模块进行结合的"271"高效课堂模式。

---

① 雷振海、李炳亭：《问道中国教育 追寻教育的幸福》，山东文艺出版社 2011 年版，第 206 页。
② 杜金山："高效课堂的八大支撑系统"，载《中国教师报》2012 年 2 月 15 日。
③ 文学荣："'学做导合一'高效课堂教学策略"，载《教育理论与实践》2011 年第 20 期。
④ 张纪东："'转方式、调结构'造就高效课堂——'精彩主持'课堂创新模式探析"，载《当代教育科学》2011 年第 6 期。

（一）什么是"271"模式

"271"模式，即将课堂 45 分钟按照 2∶7∶1 的比例来划分，教师的讲课时间不多于 20％，学生的自主学习时间占到 70％，剩余 10％的时间用于课堂效果测评。

"271"还体现在学生的组成结构上：20％是优等生，70％是中等生，10％是后进生。

"271"又体现在学习内容上：20％的知识是不用教师讲，学生就能自己学会的；70％的知识是通过讨论才能学会的；10％的知识是学生在课堂上展示、互相回答问题，并且经教师强调、点拨后，反复训练才能会的。 即"2"是自己学会的，"7"是讨论巩固学会的，"1"是同学帮助、老师点拨学会的。

"271"追求"动态"转化：课堂上教师要充分"利用"优等生资源，给他们提供"自助餐"，保证他们学得更好；通过小组互相讨论，促进中等生向上"分化"，把其中的 20％转化为优等生，以此扩大优等生的比例；把原本 10％的后进生向着 70％的群体推进。

（二）模式特点

"271"模式呈现的特点是课前准备紧锣密鼓、课上互动热火朝天、课后复习温故知新。 教师将事先准备好的导学案，提前一至两天提供给学生，便于学生预习准备。 教师可灵活要求学生采用课外预习、课堂前半部分时间预习或者整节课预习等方法进行预习。 学生可以自主预习，也可以小组探究预习，要求预习过程中集中归纳出疑点或新发现的问题，便于进行组间讨论交流。 之后，教师对遗留问题迅速进行整理并结合自己已准备好的教学设计，进行点拨、引导、分析、讲解。 课后复习中，学生需要整理本节课的知识结构及知识要点。

（三）学习分组

每一间教室里都有三个小组，一个是行政组，即做好"组务"自主管理工作；一个是科研组，即学生根据组内"学情"与任课教师一起组成"问题研究"团队，以便给教师提供基于学情的课改"决策"依据，并提升学生的问题解决能力；一个是学习组，采用 AA、BB、CC 形式构建，同组是一个相对稳固的团队，组员之间既是合作者，又是竞争对手。这样的"三位一体"的学习组织，为每一个学习者提供了动力援助，让昌乐二中的课堂因"活"而"乐"，因"实"而"好"。

（四）两案并举

两案即导学案和训练案。导学案要落实"分层要求"——分层定目标、分层学习、分层训练、分层达标。课前，教师要针对不同层次的学生编制导学案，并要在上课前，从小组里选拔出学力中等的学生"代表"进行培训。课中，教师对"代表"进行"学情调查"和"达标验收"。课后，教师要依照训练案对"代表"进行"计时"训练，要求在规定时间内完成"规定动作"。

昌乐二中"271"高效课堂教学模式的成功推行，打破了教学的单向传授形式和学生学习天性受压抑的沉闷氛围，真正把课堂还给了学生，使得学生在灵动、开放的课堂上自主学习、协作学习、分享成果，切实提高学生的学习积极性，实现学校教学效率最大化。

第三节　教学模式变革中存在的问题

一、教学模式"万能论"问题

教师是教学模式的运用者也是教学模式的创新者，教师的教学理论水平直接决定教学模式的运用效果。实践中，教师的教学理论水平参差不齐，一些教师对教学模式照搬照抄，认为教学模式是万能的，一些教师对教学模式一知半解，这严重影响了他们对教学模式的运用，更不用说创新教学模式。 因此，提升教师的教学理论素养迫在眉睫。

首先，教育行政部门、学校要坚持"走出去，请进来"方针。 一方面，要提供更多的机会让广大教师特别是一线教师参与培训特别是省级、国家级培训。 比如，争取让更多的教师，不仅仅是骨干教师参与"国培计划"，不断提高他们驾驭教学模式的能力，让教学模式服务于教学而不是成为教学的羁绊。 另一方面，让"科研兴校"真正得以落实。 学校、教育行政部门要在资金有限的情况下，邀请相关领域的教学专家进校开展讲座，传授最新的教学理念、经验。 其次，学校要打破固守阵地的旧习。 基础教育学校要成为大学的试验场，大学要成为基础教育学校的智囊库，两者要加强联系，建立定期交流机制。 最后，教师要破除教学模式"万能论"思想。 教学模式的存在和变革的确为一些初入教育行业的年轻教师带来了"福音"，但在现实的教学中，教师切不可盲目照搬照抄教学模式，让教学模式束缚了自己的教学思想。 勇于在教学实践一线不断创新教学模式，是教学模式变革的应有之义。

作为教学理论与教学实践"桥梁"的教学模式，要被灵活、熟练地运用，要发挥应有的价值，就需要教师既具备一定的教学理论，又要有比较丰富的一线教学经验。 在一些学校，由于缺乏高层次教学理论专家的引领和教师参加高层次培训的机会偏少，教师的教学理论水平参差不齐，理论素养高的教师甚少。 一般而言，教师教学理论水平有四个层次。 第一个层次，教师深谙教学理论，熟悉学科课程标准，对学生的学习需求了如指掌，即施教知其然，也知其所以然。 第二个层次，教师教学经验丰富，但教学理论欠缺。 教师虽初步形成了自己独特的教学风格，教学技能娴熟，但因忙于教学，缺乏对教学理论的学习。 只知其然，不知其所以然。 第三个层次，教师积累了一定的教学经验，也学习了一定的教育、教学理论，但做不到让理论很好地指导实践，教学理论与教学实践依然是"两张皮"。 第四个层次，教师教学经验匮乏，但好高骛远，漠视理论，排斥理论，教学过程中"摸着石头过河"。 遗憾的是，在一线教师中，第三个层次、第四个层次的教师也不少。 他们为了跟上学校层面教学模式变革的步伐，急于套用已有的成功的教学模式，并相信只要为"我"所用，必定会取得良好的教学效果。 殊不知，简单套用某种教学模式，仅仅是模仿了教学模式的"形"，缺乏对教学模式"质"的探究和把握。 在这些教师看来，教学理论往往是悬空的、玄虚的，自然也是脱离学校教学实际的，它与学校教学实践有着天然的或需要一定时日才能逾越的鸿沟。 对他们而言，教学理论总是很难走向教学实践，教学实践也难以得到教学理论的指导。 这些教师希望有一条捷径，希望通过参观课改名校习得一种现成的教学经验，然后不假思索地套用在自己的教学实践中，认为只要是成功的教学模式必然对学校、学校教学、学习成绩产生良好影响。 实则不然。

人的培养是一个系统性复杂工程。 人的受教育过程，是个体与教师、个体与文本互动的过程。 人的个性化、多样化决定了教育要走向个性化、多样化。 因此，从这个意义上讲，教学是一门艺术，它具有建构性、不可逆性、不可复制性。

二、学生学习主体性、学习意识未被充分调动

基础教育阶段是学生个性形成、自主发展的关键时期。 学生自主发展主要表现在学习主动性的转变上，即学生学习从"要我学"转变到"我要学"。 然而，笔者在实地调研中发现，一部分学生的主体性不强，主动学习意识依然很弱。

笔者在山东某学校调研时发现：当问到"怎样对待数学题"时，绝大部分学生回答按照老师的要求做对就行；少部分学生回答不管对错，做完了就算完成任务；只有极少部分学生回答会提出多种解题方法。 当问到"考试以后，你经常怎么做"时，只有极少部分学生回答会主动查找自己的不足；绝大部分学生回答等老师讲评时，再考虑错在哪里；少部分学生回答无所谓，下次碰到类似题目，可能依然出错。

三、巨型学校、巨型班级现象严重

学校教学要满足学生个性多元发展、自主发展的需要，培养学生自主学习和适应社会的能力，其中一个很重要的前提条件就是缩小班级规模，实行小班化教学。然而，随着城镇化进程的加快，不少城镇学校班级人数剧增，超出额定人数，出现"大班额"现象。"大班额"有两类：一类是 66 人以上的"超大班额"，另外一类是 56 人以上 66 人以下的"大班额"。2017 年，全国共有大班额 36.80 万个，占全部班级的 10.10%；超大班额 8.60 万个，占全部班级的 2.40%。2018 年的教育事业统计数据显示，2018 年全国义务教育阶段总班数 375.49 万个，其中，大班额 26.50 万个，占比 7.06%；超大班额 1.87 万个，占比 0.50%。笔者在调研过程中发现，山东省某县第一中学学生达 8000 多人，班级规模普遍在 60 人以上，最大班级规模达到 80 多人。这种巨型班级的存在，严重阻碍学校教学模式的变革，教师无法照顾到每一个学生，学生也无法充分表达自己的学习需求，教师与学生被有限的教学时间、悬殊的师生比例割裂了，无法实现真正意义上的对话、交流。

四、教学模式发展缺乏有力的制度保障

教学模式变革是培养模式走向多元、走向创新的关键举措。教学模式作为一种范式，是连接教学理论与教学实践的桥梁，是面向教学情境、再现教学现实的一种理论化的简化结构。教学模式具有相对的稳定性与规范性，通常包括五个因素，即理论依据、教学目标、操作程序、实现条件、教学评价。这五个因素彼此联系，共同作用于所形成的有机的、稳定的结构，即教学模式结构。在现实操作层面，对教学模式的理解存在一些偏差和误区，即只重视对教学模式"名"的追求。如在向课堂 45 分钟要效率的变革中，各种各样的对 45 分钟课堂时间的"排列组合"便形成了形形色色的教

学模式。而实质性的教学模式变革都蕴含着教学理论与教学思想的变革，需要各个层面的变革的支持和配合。因此，一种新的教学模式的探索与形成不仅需要投入大量的人力、物力、财力，还需要与学校层面的更广意义的变革相结合，比如与学生管理方式和评价方式、课程改革、教师合作以及教师绩效考核和发展评价等相协调。如果学校就"品牌"创"品牌"，缺乏相关政策支持和制度保障，那么即使创新出品牌模式，也不会被持久推行，也不会对现实教学产生实质影响，更无法满足个性化教学的需求。

第四节 教学模式的未来走向

教育是培养人的一种社会活动。人的复杂性、多样性和社会的复杂性决定了教育的复杂性、多样性。因此，教育模式不可能是单一的，必须是也一定是多样的、多层次的。对教育模式的理解，可以有宏观（教育事业发展战略）、中观（教育系统管理）、微观（教育、教学过程）三个层次之分。操作与实践每一个层次的教育模式，都不可将其与其他层次割裂开来，要站在系统性、整体性的高度加以审视。同样，教学模式的构建也是一个系统工程，涉及教育思想、教育观念、教育体制、教育结构、教育内容、教育方法、教育途径等方面，要在教育理论的指导下，抓住特点，对教学过程的组织方式进行概括，对教育实践经验进行总结。

一、教学模式变革要突出学生主体地位

教学模式也是学习模式。教师通过教学帮助学生获得信息、技能，形成价值观、思维方式及表达方式时，也是在教他们学会如何学习。事实上，教学的目的之一是帮助学生形成一种更容易、更有效地进行学习的能力，因

为教学使他们不仅获得了知识技能，也掌握了学习方法。 一些教学质量高的学校重视培养学生的学习能力，因此，在学校里，学生逐步发展成为学习的高手，教学的效率自然也越来越高。 评价一种教学模式的优劣，不仅要看是否有利于完成教学任务，是否有利于达成教学目标，更应该从学生的角度去审视，看它是否能培养学生自主学习的能力，是否能培养学生的独立思维，是否能让学生举一反三，是否能让学生自我教育。 因此，教师在选择、运用、创新教学模式时，要认真研究学生学识水平和心理特点，要突出学生主体地位，在教学中要充分调动学生的积极性与创造性，不断启发学生从不同的角度思考问题、用多种方式解决问题。 比如，要改变学生单一学习的模式，提倡小组合作学习，发挥小组对学生个体的激励约束机制，形成主动学习的氛围。

二、强调整体变革，为教学模式变革提供保障机制

教学模式变革涉及学校教育、教学的方方面面。 长期以来，以"应试"为主要特征的教育，禁锢了学生和教师的主体性发展，特别是制约了教师对教学模式的创新探索。 因此，在"多样化发展"的教育背景下，要为教学模式变革创造良好的制度环境和政策保障机制。

对于地方政府及教育行政部门而言，首先，要转变对学校的评价方式，要设计特色学校的评价方案，按照特色学校的实际进行评价，而不是仅仅看重升学率。 同时，要严禁把高考指标分配到学校的做法，要放权给学校，给予学校办出特色的空间。 其次，要增加对学校的教育资源投入。 要引导和鼓励社会民间资本投资学校教育，实现办学主体多元化、管理模式多样化，为学校发展注入新的活力。 最后，要控制学校规模、班级规模。 现实中，学校规模、班级规模的扩大除了受教育资金投入不足影响之外，还有学校追求自身利益的原因，因此，必须控制学校规模和班级规模，要达到国家或地方政府规定的学校办学标准，为教学模式的真正落地打好基础。

对于学校而言，一方面，校长要不断放权，给予一线教师充足的教学主动权，以便在普遍模式下追求自身的教学风格与特色。另一方面，学校要创设激励机制，奖励那些为实践新的教学模式而做出巨大贡献的教师。同时要为新教学模式的实践创造更好的政策环境，如对有贡献的教师在职称晋升、奖金发放、岗位聘任上给予一定的优先权。机制创设需要遵循激励相容原则，不仅要考核教师的教学业绩，更要不定期地对学生进行考核。

三、正确认识和对待典型教学模式

教学模式的提出和实践既有理论的指引也有现实的需求，任何教学模式都有其产生的文化土壤。一种新的教学方法或模式，只要有效，就应该加以肯定、支持，而不是苛求它，要求它有多高深的理论基础。我们应允许它经过反复实践、总结，逐步上升到理论，呈现出其规律性。正如裴娣娜教授所说，要像爱护眼睛那样爱护教师草根性的、带有泥土气息的教育实验研究。[1]

教学有法，教无定法，贵在得法。如何认识"法"呢？一般而言，首先，"法"是基本的教育教学规律。如因材施教、循序渐进等教学原则。在推进教学改革中，要坚守基本的教学规律、教学原则。无视教学规律的教学改革是荒谬的，也是不长久的，更没有任何教学效益可言。其次，"法"是学科的本质。任何教法都要回归到学科的本质。每一个学科都有其历史发展过程，有其自身独特而又严密的逻辑体系和内容体系，教学要严格遵照体系要求来进行。再次，"法"是现实的教育教学需要。教学是时代的产物，要基于现实的需要而开展。教学如果不关涉现实生活，不关注经济社会发展的时代大背景，则无法紧跟时代发展的潮流，必不合时宜。最后，"法"是学校教育教学改革的实际。教学方法的创生和运用要符合学校实际，即学校、教师要根据学生生源特点和发展潜力等进行教学。如果不能

---

[1] 郭永福："正确对待课堂教学改革的先进经验"，载《中国教育学刊》2009 年第 10 期。

做到具体问题具体分析，而是认为某种教学模式是放之四海而皆准的真理，那么这样的教学既不符合基本的教学规律，也不符合现实的教学要求。

　　每种教学方法和模式的提出与应用，都有一定的背景、条件及环境，我们在学习借鉴时，首先要学习提出这些教学方法、模式的个人或学校敢为人先、锐意进取的精神，至于具体做法则应因人、因地、因课制宜，不能生搬硬套。例如，一节课是先学后教，还是先教后学，就要从实际出发。如果具备学生自主学习和思考的条件，就可以先学后教；如果不具备这些条件，就应先教后学。我们不能认为先学后教就是以学生为主体，就是改革；也不能认为先教后学就不是以学生为主体，就是保守。又如，教师在一节课中讲多长时间，也不应给予硬性规定，如果某一课需要多讲，或教师讲得很精彩，就应当允许教师多讲。①

　　因此，要辩证地看待典型的教学模式以及各种先进教学经验和教改名校，对于模式和经验，不能照单接收、照搬复制；对于名校，要学习他们敢为人先的探索精神，要借鉴他们先进的改革经验，否则教学改革的创生性、发展性、生命性就失去了灵魂。

①郭永福:"正确对待课堂教学改革的先进经验"，载《中国教育学刊》2009 年第 10 期。

第五章

走向个性：后模式时代
教学改革

学校教学改革与发展具有明显的时代特性，时代不同，所表现出的整体样态也不尽相同。经过多年基础教育课程改革精神与实践的洗礼，过去那种刻板的、统一的、绝对的、一言堂的学校教学模式已经成为历史，当下的学校教学模式可谓百花齐放、百家争鸣，各种学校教学模式都占有一席之地，一些典型的教学模式赢得了一部分学校、教师、学生、家长的拥护与支持。我国中小学课堂教学进入了模式多样、观念多元的时代，我们称之为"后模式时代"。① 在后模式时代，我们应如何认识学校教学改革，如何处理模式与教学的关系？

后模式时代教学的一个重要指向是教学走向个性化。教师的教学有个性乃是学生个性养成的最基本的前提。教学个性不是否认教学模式的存在，而是教师在坚守一定教学规律、原则的前提下，表现出的对教学的认识、理解。教学个性的实践并不只是教师个人的行为，还是学校或者区域推进课堂教学改革的基本指向。本章分析了后模式时代学校教学改革的新趋势、新问题、新走向及未来可行之路，力图阐述后模式时代学校教学的基本理念和改革方向。

---

① 徐继存："'后模式时代'课堂教学的选择与重建"，载《当代教育科学》2013 年第 23 期。

第一节　教学模式改革新趋势

后模式时代教学改革要突破模式对教学思想、教学实践的禁锢，即不被模式所限。教学改革要更多地指向对教学本质的追问和实践，做到变易教学、动态生成。

一、把握教学本质，不被模式所限

从世界范围而言，教学模式多样化是当前及今后教学模式发展的一大特点，是教育走向个性化，尊重学生主体地位的重要表征。从我国范围来看，改革开放以前，我国受苏联教育思想的影响较大，之后，特别是 2001 年新一轮基础教育课程改革之后，受欧美等西方教育思想的影响较大。中西合璧，我国学校教学模式种类日渐增多，如一个县，甚至一所学校就有一种或多种教学模式。模式是多好还是少好，我们一时难以从价值上做出判断。模式从单一到百花齐放的变革历程，恰恰反映了教育教学改革如火如荼的状态，也反映了教育理论界、实践界对学校教学真谛的求索。教学模式多样是学校教学的真实样态，也为培养有想法、有个性、能担当、会创造的时代新人创造了条件。

从教育实践的视角来看，学校教学无疑已经进入了一个模式多样的时代。在模式多样教学时代，我们必须重新认识与理解教学模式。把握教学本质，不被模式所限，舒展学校教学个性当是现在和未来学校教学的必然诉求。因此，需用"后模式"这一视角对学校教学加以审视。选择后模式这一视角不是对已有教学模式价值的批判或否定，而是对这些教学模式的存在与创生的合理价值的展现，是一种对现实的教学改革实践的审视和对未来教育的审视。"后"既意味着实践上的"之后"，同时也表明内涵上的一种"超越"，标志着任何一种学校教学模式都具有相对性，即使是最有影响力和持久性的学校教学模式也有时空上的局限性，它不可能被用来解释和指导一切学校教学活动。① 后模式时代提醒我们不要盲目模式化，需要留出空间与时间去思考、去选择、去创生。简而言之，只有从整体角度把握教学模式，融会贯通地理解和运用多样化的教学模式，并根据教学的实际情况，创造性地组织教学，才能符合教学的动态性与复杂性。

二、关注内容，变易教学

学校教学源于生活，教学是动态的、生成的、建构的，学校教学的目的是让师生焕发生命活力。从操作标准来看，课堂教学应该合乎"先学后教，以学定教"的标准；从过程标准来看，"动"是一个多维立体结构模型，是一个螺旋上升、不断提高的过程，也是教学艺术不断展现的过程。基于此，我们认为，课堂教学的本质为"变易教学，动态生成"。

我们在讨论学校中教师、学生各自对教与学的贡献时，需要更认真和严谨的态度。问题不在于谁应该主动谁应该被动，而在于教师应该做什么（创造学习的必要条件）以及学生应该做什么（学习发生的必要条件）。② 因此，对于学校教学的推进而言，"学为中心"对师生角色已经有了比较明晰的界定，需要进一步追问或者落实的应该是教师的角色如何转换，如何创造学习的必要条件，如何让所创造的必要条件符合学生的认知规律和激发学生的学习兴趣，从而让学生去探索、去求知。

变易教学理论认为，没有一种教学组织方式适合所有类型的学习，要找到有效的教学方式，关键要分析具体情境中所学的内容是什么、学习所需要的条件是什么。只有当我们很好地理解了在特定情境中学生需要学什么、实际上他们学到了什么以及为什么他们在一种情境下学到某种东西而在另一种情境下却学不到，学校教学才能成为理性的、合理的系统活动。当下，存

---

① 徐继存："'后模式时代'课堂教学的选择与重建"，载《当代教育科学》2013年第23期。
② 彭明辉、马飞龙："变易理论：学生自主学习和教师帮助之间的关系"，载《教育学报》2009年第3期。

在的一种现象是，对学校教学的分析往往停留在对教学方式的评鉴上。比如，在对同课异构的课堂教学进行分析的时候，很多人关注的是"是班级授课还是小组学习""是以学生为中心还是以教师为中心""是否使用了现代化的教学媒体"等，而鲜有对教学内容差异的分析。我们应该更加关注师生交流与互动的内容而不是仅仅停留在方法层面上，这将是进一步推进学校教学改革的应然之举。因此，我们也需要进一步转变思维，进一步强化学校教学的生成性。学校教学要努力实现三步走。第一步，教师要努力预设学习内容与学习目标。第二步，在教学过程中，预设的学习内容需要转化为可实施的教学活动。第三步，展现教学机智，转变思维，即当学生最终学习和理解的内容与教师最初设想的不同时，教学应该成为教师不断转变思维、变换教学条件，将自己预设的教学目标转化为师生互动的教学活动，进而转化为学生关注的内容和目标的过程。

三、关注本质，动态生成

教学不是达成某一外在目的的手段，而是目的本身，是教师运用智慧赋予每一个教学情境以教育意义的临场创造。教学也不等于技术，是有目的、有价值的实践活动。教学是教育的下位概念，有学者认为，教育从最初的本意而言具有"引出"的某种内涵，而"curriculum"（课程）的词根拉丁文"currere"有"跑道"之意，这个隐喻表示教学是特定的人在特定的时空进行的，每个人都带着他独特的个性和思维方式、先有的经验和知识在具体的情境中不断地进行自我建构，所以，教师不可能预测到学生的每个反应，甚至连他自己在课堂上的具体表现都是一个未知数。①

可见，机智的教学意味着一种随时生成，机智符合"如果……那么……"的假设陈述，也就是教师时刻处于一种"准备好了"的状态之中，换句话说，机智的教学也就是教师"如果遇到了教学情境中的问题，那么在瞬间能

---

① 钟启泉、刘徽："教学机智新论——兼谈课堂教学的转型"，载《教育研究》2008年第9期。

做出契合情境发展的创造性行动"。 这种"准备好了"也包括对教学有良好的预设。 但这种预设不是技术观下剧本式的教学计划以详尽而不可更改的步骤、程序确保既定的"教学目标"准确无误地得以实现,而是一种更多地体现不确定性、可能性的愿景式教学设计。 后者与前者相比,它并不是遵循目标——确定内容——制订步骤的线性过程,而是将教学内容作为一个知识主体进行先行研究,带着一种发现式的惊喜感来考虑学生的基础和兴趣,创造性地进行教学的活动。 在这一活动过程中,要鼓励学生质疑、独立思考。 古人云:"学贵有疑,小疑则小进,大疑则大进。"质疑的过程,实际上已经给予了课堂活力、生命力,只有"百家争鸣"了,学校教学才有更多可以生成的空间,也才能有更多可以持续思考的命题。 伴随这一活动的进行,学生解决问题的能力、思维创新的能力也得到了锻炼。

第二节 教学模式改革新问题

后模式时代学校教学还是一个新理念,在现实的教育教学改革中还是一个新事物。 后模式时代教学模式改革在实践推进中主要存在"举棋不定""规划不明""拿来主义"等问题,也出现了"貌合神离""照本宣科"(学校教学过程缺乏动态生成)、"个性缺失"(教师教学个性无法张扬)等教师缺乏思考、创新的实践问题。

一、"举棋不定"

所谓"举棋不定",主要指的是在后模式时代学校教学中依然存在诸多"不和谐因素",甚至有阳奉阴违之举。 有些学校领导、一线教师对"后模式"抱有怀疑态度,认为其干扰了目前正常的教学计划,不利于教学任务的完成；认为目前传授式的学校教学效率高，有利于教师把控课堂，也有利于教师备课与应考，改起来代价太大；认为"后模式"是地方教育行政部门力推的，相关改革是强制性行为，具有"长官意志"等政治色彩，具有不确定性、不稳定性和不持久性，因此，他们认为消极地"改"与"推"才是明智之举。于是出现了很多学校"后模式"观摩课看似热热闹闹、轰轰烈烈，实则传统课堂依然扎扎实实，依然是学校教学的主流。

二、"规划不明"

教育改革，规划先行，这是成功推进教育改革的先决性条件，亦是共识性问题。对于一个区域而言，全区域全面推进学校教学改革，其难度之大，可想而知。因此，地方教育行政部门需要从区域层面做大量的准备工作，在实践调研、论证规划、制度研制等方面都必须有比较成熟的顶层设计。即便顶层设计良好，但某些推进教学改革的主阵地——学校却缺乏与之相配套的完善的学校课改设计方案，对学校教学改革本质认识不到位，认为学校教学改革是一线教师的事，与校领导的核心管理工作关系不大，从而导致学校教学改革缺乏结构性变革，没有人事、管理、经费制度相配套，没有激励制度相引导，没有学习制度相辅助。学校教学改革并非仅仅理论上的变革，即使是理论层面先行的变革，亦需要学校实践层面的支撑，没有结构性变革，学校教学改革必然是"昙花一现"。

三、"拿来主义"

在推进后模式教学改革的过程中，"拿来主义"表现形式有多种。一种是理论与理念层面的。对于后模式教学这一新颖教学形式，一些学校缺乏理论层面的深入分析与论证，特别是与以前推行的教学模式，如"幸福课堂"等，未做严格意义上的区分，在实践中提出了所谓"个性化"的学校教学模式，如"简约课堂""绿色课堂"等。众多课堂教学模式，往往都借鉴了杜郎口模式，借鉴了高效课堂形式，融入了"幸福课堂"的元素，然而，融入了诸多元素的教学模式，大都由"拿来"的元素拼凑组合而成，缺乏自己的特色。 另一种是实践层面上的。 如，很多学校往往照搬杜郎口中学等课改先行校的举措，如小组评价量化打分、"引领式展示"等，缺乏与校情、学科、学情的结合，存在"水土不服"的问题。 后模式教学从本质上而言就是变"教"为主导的教学为"学"为主导的教学，简单而言就是"学为中心"。 是否坚持"学为中心"成为后模式时代教学能否顺利进行的试金石。

四、"貌合神离"

"学为中心"的教学模式最为直接的实践表现形式为小组合作学习，这也是很多学校教学改革的基本形式。 小组合作学习是促进学生自主、合作、探究学习的基本形式，也是基本的教学过程。 从本质上而言，小组合作学习应该体现学生学习的主体性、交互性。"学为中心"的课堂教学中的学习不同于传统意义上的学习，教师应该认识到在"学为中心"的课堂中学习必须是主动的，而不是被动的。 第一，学生应积极主动地参与。 在教学过程中，学生应主动学习，积极构建自己的知识体系，通过深度参与来学，而不是被动地坐着听。 在以学生为中心的课堂上，教师应避免用单一的教学方式进行授课，而应为学生创设能自主学习的环境，组织他们用不同的方式探讨教学内容。 第二，学生应共同学习。 教师尽量不要求学生单独学习，而是引导学生以小组形式合作学习。 学习也是一种社交活动，在合作学习中，学生一起探讨、交流观点，提供反馈，既习得了知识，又提升了交际能力。 第三，学生应学会学习。 教学的目的是"学生学"而不是"教师教"，教师应对学生进行学习策略的指导和教育，一方面，促使学生养成良好的学习习惯，如课前预习、上课做笔记、课后复习等；另一方面，指导学生根据自己的学习特点寻求适合自己的行之有效的学习方法。 在"学为中心"的教学过程中，学生应是主体，然而实践中，很多课堂有固定"套路"，即便每个环节中有形式上的独学、对学、群学，甚至展学或延学，但基本上都有一条"硬线"牵扯着学生的思维与行为，学生自主探究的空间十分有限。 有的课堂的对学、群学等貌似在践行分层教学的理念，但实质上是优等生在主导课堂，会造成新的教学不公平。 此外，很多学校和教师对小组合作学习的目标、个体责任、机会公平、小组评价等缺乏深刻的认识与理解，这都会造成小组合作学习的"貌合神离"。

五、"照本宣科"

"照本宣科"的教学是对刻板的学校教学行为与教师形象的批判。 "照本宣科"本义为照着本子念条文。 在学校教学语境下，其一般指教师上课教条，简单宣读讲义，教学机械、不生动、无趣等。 现代语境下的"照本宣科"教学，主要体现为课堂仍主要为"教堂"，没有充分体现学生的主体意识与主动性，教师习惯于根据准备好的讲义或者导学案按部就班地教授知识，预设内容过多，课堂毫无生成或生成内容过少。 现代教学理论认为，学校教学要将"促进理解"放在第一位，要降低旨在"获取信息"的学习活动的比例，增加"促进理解"的学习活动。 "照本宣科"教学难以从"促进理解"的意义上考虑学生的主观能动性的发挥，其立场与视角是教师基于经验和对文本知识的理解进行授课，没有结合学生的理解力、知识结构等现实情况。 美国认知教育心理学家奥苏贝尔认为，影响学习的最重要的因素是学习者已经知道了什么，我们应当根据学生原有的知识状况进行教学。 苏联教育学家霍姆林斯基说，教学就是培养学生借助自己已有的知识获取新知识的能力。 在笔者看来，教会学生借助已有的知识获取新知识，就是最好的教学。 总之，"照本宣科"教学与后模式教学改革的理念不相符。

六、"个性缺失"

后模式教学改革的初衷即涤荡沉闷的课堂，让课堂变得有活力，让学生的主体性得以发挥。 在传统课堂向现代课堂迈进的过程中，学校教学活力的显现,学生主体性、探究欲的发挥均离不开教师的重要作用,教师要善于引导,让课堂变得生动有趣。 从各学校教学实践情况来看,"呆板无趣"主要体现为学校、教师以模式化的思维和行为来禁锢教学。 教学从本质上而言,是一种教育艺术,有一定的方法、规律可循,但是无法复制与照抄照搬,因此,试图将一种固定的模式套用在不同风格、不同学科、不同学生、不同学段的教学上,势必会抹杀教学个性,势必与焕发生命活力的后模式教学改革初衷相违背。 促进学生全面发展,促进学生个性化发展是当前我国教育教学改革的重要方向,如果没有教师的教学个性,学生个性将难以养成。 后模式教学改革从根本上而言是回应创新育人模式的实践。 在创新育人模式的关键环节——课堂教学上,只有教师的创造性劳动与教育智慧的共同引领才可以促进育人目标的实现。 在后模式教学实践推进过程中,教师的观念需要转变,而且更为重要的一个问题是教师对后模式或教育教学进行哲学层面上的思考,决定后模式教学改革的广度与深度。 目前,一些教师往往把学校教学作为一种纯技术性的活动加以理解,教学仅仅成为传授知识的过程,课堂也仅仅是传授知识的场所,教学的教育、思想引领与道德感化等价值荡然无存,这必然导致教学的技术性与方法化,从而导致课堂"个性缺失"。

第三节　教学模式改革新走向

教师在教学过程中应与学生积极互动、共同发展,要处理好传授知识与培养能力的关系,注重培养学生的独立性和自主性,引导学生质疑、调查、探究和在实践中学习,促进学生主动学习。 教师应尊重学生的人格,关注个体差异,满足不同学生的学习需要,创设能引导学生主动学习的教育环境,激发学生的学习积极性,培养学生掌握和运用知识的态度和能力,使每个学生都能得到充分发展。 这是新基础教育课程改革对教学过程改革的规定和要求。后模式时代教学模式改革从本质上而言，符合新基础教育课程改革的基本理念与基本精神，对于创新型人才的培养，传统的学校教学生态的改善，学校教学方式的创新，教师教学风格的形成，以及促进学生全面发展等均具有重要价值。因此，推进后模式教学改革，必须坚定认识，坚持综合改革，认清教学模式的本质，摆脱模式束缚。同时，要对后模式时代教学模式进行顶层设计、系统规划，做到统筹兼顾；要发扬底层关怀精神，发挥学校、教师的积极主动性；要遵循教育教学规律，结合学校办学特色，形成独特的教学风格。

一、坚定认识，综合改革

后模式时代教学模式改革并非个人意志，而是与我国《基础教育课程改革纲要（试行）》的精神相符合，与世界各国学校教学改革大趋势相符合，对于学生核心素养的养成以及核心竞争力的形成具有重要价值。当前，我国基础教育课程改革对教师的教和学生的学提出了新的要求。要求在教学过程中，教师要转变教学观念，改变教学方法，革新教学思想，以适应新的教学改革要求；而对于学生而言，要主动参与、乐于探究、勤于动手，培养搜集和处理信息的能力、获取新知识的能力、分析和解决问题的能力以及交流与合作的能力。[①]因此，必须坚定认识，坚持和坚决推进后模式教学改革。党的十八大提出了深化教育领域综合改革的总体任务，综合改革、协同发展、顶层设计成为新时期教育改革的关键词，也是推进学校教学改革的总指导原则。因此，后模式时代教学模式改革要在此框架下，协调统筹学校教学与教师素质、教学评价、课程整合、学校管理等之间的关系，实现学校教学改革围绕立德树人这一根本任务不断深入推进。

---

① 靳玉乐：《新课程下的教学方式转变》，西南师范大学出版社2012年版，第1页。

二、认清模式，超越模式

要不要教学模式，如何使用教学模式是推进后模式时代教学改革的关键问题。 乔伊斯和韦尔等在《教学模式》一书中指出，教学模式是构成课程和作业、选择教材、提示教师活动的一种范式或计划。 纵观教学模式的推介与研究过程可以发现，教学模式是一定教学思想或教学理论指导下的各种类型的教学活动的基本结构或框架，突出表现为教学过程的程序性的策略体系，是教学思想或理论的下位概念，亦是沟通教学思想或理论与教学实践的桥梁与纽带。 然而，教学模式不等于教学的具体性、操作性实践，教学模式对具体教学行为或实践而言是一种方法论意义上的思想或行为指南，并不能代替学科教学，也不能限制教师个体对教育的哲学省思以及教师教学个性的培育与发展。 若教学模式制约了学科教学、教师教学个性的发展，则只能带来教学的机械与僵化。 学校教学如果仅仅披上某种教学模式的外衣，仅是具体的操作性流程发生些许变化，而不能从本质上解决如何重构课堂上的师生关系，如何改变过于注重知识传授而轻视素养、能力培养的传统，如何发挥学生的主体性与探究欲，如何促进学习共同体的形成等最为核心的问题，学校立德树人根本任务也就无法实现。

因此，首先，学校特别是一线教师要认清教学模式的本质，要善于思考学科教学的独特问题、个性问题、学生学情以及发展要求等问题，"不唯上、不唯书、只唯实"才是正确对待教学模式的态度。 这也特别要求一线教师要不断提高自身教学素养与理论水平，善于洞察各教学模式背后的本质问题，从自身教学个性与教学经验出发，不断提升教学能力，做到"施教知其然，也知其所以然"，形成自己的教学品质与教学风格。 其次，学校要有"后模式"思维方式。 在后模式时代，既然没有统一的课堂教学模式，也就没有最具权威性的课堂教学模式，因此每个学校和教师都可以是课堂教学模式的创立者。 这样就能在很大程度上破除课堂教学的精神枷锁，极大地调动学校和教师推进课堂教学改革的积极性和创造性。 正是基于对课堂教学的不同理解和实践，才有了丰富多样的课堂教学模式，才展现了课堂教学的多姿多彩。 在这一意义上，我们又可以说课堂教学的后模式时代同时也应该是去模式化的课堂教学时代。① 教学有法而教无定法。 后模式不是否定先前存在的各种学校教学模式，但也提醒学校不要盲目模式化，需要从整体角度把握教学模式，认清教学模式，融会贯通地理解和运用多样化的教学模式，并创生教学模式。

三、差异化发展，形成风格

现代学校教学与传统学校教学的一个明显差异就是前者要关注全体学生的发展。 如何关注全体学生的发展？ 采取差异化发展策略即是正确的可取之法。 如何实现差异化发展？ 现代教学理论认为，学校教学可分为四个基本环节：形成活动意向、参与课堂活动、实现意义建构、获得个体体验。 在每个环节，每个学生都有差异化发展的可能。 在学校教学中，学生的学习既是一个相对独立的过程，又是一个在特定的学习共同体中与他人互动的过程。 学生既需要发挥主体性，在对象性活动中主动参与、积极活动，又需要发挥主体间性，积极与他人交往，共同发展。 现代学习观认为，个体的学习具有选择性。 个体在学习过程中对学习信息的筛选是选择性输入。 选择性输入的依存条件主要有两个，一是外在的客观因素，即教学过程中传递信息的质与量；二是主体的心理因素，如个体的需要、兴趣、已有经验和知识等。 由此可见，学校教学无论从基本环节流程还是从意义生成以及内化提升来看，都存在着差异化发展的可能。 因此，推进后模式教学改革必须有差异化发展的思维，要采取分层教学与合作学习相结合的方法。 学生差异化发展，最为重要的支点即教师。 后模式时代教学模式创生，不能排斥与

---

① 徐继存："'后模式时代'课堂教学的选择与重建"，载《当代教育科学》2013 年第 23 期。

忽略教师的作用。 相反,需要在"排列组合"方面做进一步优化,让教师的主导作用进一步发挥出来。 教师主导作用的发挥与教师能动性的发挥有很大的关联性,这就需要改变学校教学程式化、程序化的传统。 教学从来不是简单的知识传授活动,而是具有很强的艺术性,教师要逐渐形成自身的风格,形成独特的教学个性。

学生快乐地接受教育,应该成为教师的理想。 作为一线教师,要根据教学实际和学生实际逐步推进教学模式改革,不能将教学视为技术性、操作性的活动从而认为自己是"工匠",也不能将自己视为教育思想和教育方法的被动接受者。 教师为师为道,端在其哲学,而非在其知能巧技。 只有如此,教师才能形成独特的教学个性。

第四节 未来教学模式改革可行之路

学校教学不是工业生产,不能将若干环节进行机械式整合,也不能做到在所有环节上毫厘不差。 在教学的组织上,既不能把课堂各环节进行"机械式统一",也不可能让课堂所有环节完全"有机融合",唯有"自然有序"的课堂才是最生态、最有效的。 后模式时代教学改革,更应该强调教学的自主性与个性,更应该面对现实的教学问题。 从理论角度而言,实践中的各种"模式"犹如理论界存在的各种"主义","主义"的产生以及存在的合理性旨在解决各种现实问题,可"主义"天生的意识形态性遮蔽真正的"问题",缺乏对真正的问题的全面探索。 在教学模式改革中,"少谈些主义,多解决些问题"或许是明智之举。 因此,后模式时代教学改革不能陷入模式的泥沼,也不能崇拜模式。 教学中过多的规约将使得教学失去教育性而走向训练。 雅斯贝尔斯认为,教育绝不能按人为控制的计划加以实行。 教育计划的范围是很狭窄的,如果超越了这些界限,那接踵而来的或者是训练，或者是杂乱无章的知识堆集，而这些恰好与人受教育的初衷背道而驰。[①] 让学校教学能自主、有个性，在实践中培养教师的开发、倾听、对话、合作、评价、思考等能力，将是深化学校教学改革的有效之举。

一、学会开发

教师要学会不断开发课程。课程是教育教学的载体。开发课程，一是要努力实现课程校本化，即整合国家课程、地方课程的内容使其成为学校课程。二是在此基础上，要努力实现课程的学程化。研究表明，学生可以自学义务教育阶段的很多知识，而且目前推行的学校教学改革更是强调学生自学、对学、群学，因此，必须改变以往的教学习惯性地把课程当作教程来教，缺乏对学生主体性的审视的做法，强调课程的学程化。

教师要学会开发学生潜力。所谓开发学生潜力，即充分了解学生，掌握学情。后模式时代教学的选择权更多地掌握在教师手里，教师要实现"教学有数、教学有法、教学有度"，就必须进行充分的学情调研。学情调研，不仅要掌握整体情况，更要关注个体情况，这将是整个学校教学得以顺利、有效开展的前提。从"动"的角度来看，学生的"动"还需要教师提供一个支点，这个支点即学习任务的驱动力，而学习任务的设置是以充分的学情调研为基础的。

教师还要学会开发自我潜力。课程开发也好，教学自主性也罢，都强调教师素质的提升。其中一个主要素质就是教师的课堂驾驭能力。在基础教育课程改革背景下，教师要充分参与到教学实践活动中，在实践中检验并践行课程改革倡导的各种教学理念，践行自己的教学方式。通过亲身操作，教师可以将自身的理论素养与教学实践很好地结合起来，避免理论与实践脱节以及空洞说教。通过教学实践，教师会逐步领会教学理论的内涵，

---

① [德]雅斯贝尔斯:《什么是教育》,邹进译,生活·读书·新知三联书店1991年版,第24页。

加深对教学的认识和理解，积累起宝贵的教学经验，形成独特的教学观念、教学特点和教学风格，进而实现对教学方式的灵活掌握。[①]

二、学会倾听

倾听是一种教学艺术，从某种程度上而言，它几乎是教学的全部。杜郎口中学的课堂从某种程度上而言就是一种倾听课堂。从教学时间安排来看，杜郎口中学的教学时间为"10＋35"形式，即一堂45分钟的课，10分钟属于教师，35分钟属于学生。如，它要求语文教师尽量减少知识性的语言陈述，教师所承担的主要任务是设计、组织教学，启发、引导、监管、配合学生，为学生解疑，对教学情况进行评价。从教学组织形式来看，其为"三三六"自主学习教学模式。第一个"三"即自主学习三特点——立体式、大容量、快节奏；第二个"三"即自主学习三模块——预习、展示、反馈；"六"即课堂六环节——预习交流、明确目标、分组合作、展示提升、穿插巩固、达标测评。所谓立体式就是：按照教学目标，将学习任务分配给每个小组、每个人，充分发挥每个小组的集体智慧与每个学生的主体性，让其进行多层次、多角度的思考与交流。所谓大容量就是：教学内容以教材为基础，并进行拓展、演绎、提升，全体学生通过各种形式，如辩论、演讲、演小品、演音乐剧、朗诵诗歌、说快板、唱歌、展示书法、绘画等展现所得体验，全体参与学习，课堂教学内容丰富。所谓快节奏就是：在单位时间内，紧扣学习目标和任务，通过周密安排，进行师生互动、生生互动，达到理想的预期效果。

当下的学校教学改革更要引导教师学会倾听。在教师创造的教学力量中，专业知识与教学经验不过只占了三成，剩下的七成取决于教师对每一个学生的想法与感情的尊重和对每一个学生的内在潜能的激发，而这一切都需

---

① 靳玉乐：《新课程下的教学方式转变》，西南师范大学出版社2012年版，第380页。

要倾听。 在学校教学中，教师要学会倾听每一个学生的发言，并仔细分析发言内容，分析该发言与其他学生的发言以及与该生的前后发言之间有何关联。 教师要做好"穿针引线"工作，倾听学生的发言后对其加以串联、提炼。 一个好的教师应该是一个善于倾听的人，一个好的教师应该是一个会"穿针引线"的引导者，他的作用是消化学生的发言，引导学生的思想走向更加深入的境地。 甚至可以说，教师的倾听是教师活动的核心。

三、学会对话

教育是人与人之间的精神交流与对话。 从此种意义上而言，学校教学就是有意义对话的集合体。 当人与人对话时，可以相互学习，启迪新知，彼此理解。 理解是人类存在的基础。 每当我们试图弄清别人的意思时，就进入了理解的过程。 传统的课堂是一言堂，缺乏对话，而现代学校教学强调对话。 对课堂教学进行观察时，我们发现，教师虽然加入了对话，但对话是独白式的，教师预设好了对话的形式、内容甚至答案，一步步引导学生走向答案。 这一过程让教学毫无生成性可言，仅仅是多了一些粉饰性的"对话"。 而真正的对话要求对话双方进行思考、理解、创设与生成。 此外，还要警惕一种现象，即由原来的"满堂灌"到"满堂问"，这是一个普遍存在的现象。 教师设计的问题过于零碎，缺乏意义与意向性，大多数是纯粹的关于"年代""数量""有无"等的事实性问题，而真正能激发学生思考的、能给学生创生空间的好问题则少而又少。

四、学会合作

教师之间的合作无疑是重要的，但本研究强调的合作是学校教学中师生的合作。 课堂应是合作的课堂，没有合作就失去了课堂的意蕴。 合作学习可以说是由教学中涉及的个体之间的互动所形成的意义链与关系链构成的。

学校教学是教师教与学生学的有效合作。 合作意味着学校教学是一种生成性教学，需要教师根据学生的表现不断调整教学。 观察发现，在课堂中经常有为了完成教学任务、为了赶教学进度的合作。 这种教师与学生的合作是不深入的，教师实际上设计好了整堂课的内容与框架：在哪个阶段讲授什么内容，需要什么样的学生提供什么样的答案等，教学就是教师让学生一步步接近教师的标准答案。 这样的教学毫无生成性，学生自然也失去了探究、思考的兴趣。 真正的合作学习是一种生成性学习，师生必须在教学过程中不断碰撞思想，产生新的思考，进而合作，一起解决问题。

五、学会评价

一堂"好"课，教师要学会做好评价。 教师要尊重每一个学生，对每一个学生充分肯定与赞许，这是教师应该秉持的理念。 现代课堂无论是形式还是内容都应与传统课堂有本质区别。 如果用过去单一的结果式的，仅仅注重学生课业成绩的评价标准进行评价，将不利于现代课堂教学的开展。 现代教学评价，应注重对学生学习能力、态度、情感、实践能力以及学习方法等的综合评价。 具体来说，教师要学会用联系的思维评价学生，创设多元评价标准，树立多元评价理念。 如，人大附小在推进课堂教学改革中，提出了"四声"课堂文化和评价标准。 他们倡导课堂要有笑声、掌声、质疑声和辩论声，要将单纯传授知识的课堂转变为发挥学生主体作用、加强学生思维能力训练的课堂。"四声"课堂评价实践是课堂教学改革中多元化评价的有益尝试。 2013 年，教育部印发了《中小学教育质量综合评价指标框架（试行）》，规定评价学校教学质量的主要内容为学生的品德发展水平、学业发展水平、身心发展水平、兴趣特长养成以及学业负担状况五个方面。 可以说这是一种多元的评价体系。 学校校长、教师要结合学校、学生特点构建适合的学生评价体系，以促进学生的成长与发展。

六、学会思考

学校教学改革需要教师不断理顺各种关系，从而不断提升自身的教学自主性。各种关系中最为重要和根本的是教师的思维。一是教师要有关系式思维。教师在教学中要避免出现二元对立、非此即彼的情况。学为中心的课堂教学与传统的一言堂的课堂教学相比，其进步意义是巨大的，但是在教学中也不能忽视教师的作用，教师的引导作用依然要加强。二是教师要有整体式思维。在采用新的教学方式时，教师往往感觉到教学进度赶不上，上课犹如老牛拉车，很吃力。整体式思维要求教师要善于从整体着眼，并对课程内容进行适当整合，推进教学进程。三是教师要有过程性思维。要重视过程与体验，重视教学的创生。此一方面前文已有提及，不再赘述。

第六章

百花齐放：教学组织
形式改革

　　教学组织形式指在教育理念的指导下，在实现教学目标的过程中形成的师生组织关系、时空利用方式等。所有教学活动都要以一定的教学组织形式为载体。不同的教学组织形式，会产生不一样的教学效果，教学的组织者、学习者的关系、地位、体验会大不相同。历史上出现过多种教学组织形式，如个别教学制、班级授课制、道尔顿制等。在我国，班级授课制是主要的教学组织形式。课堂教学改革在很大程度上都是以班级授课制为基础进行的。为适应新的教育发展形势，为满足时代新人的培养需要，我国学校教学组织形式改革也在不断推进，出现了适应高考改革新方案的走班制教学组织形式、小组合作学习教学组织形式等。这些改革探索不仅成为教学组织形式改革的新成果，也成为教学组织形式研究的重要领域和内容。本章重点分析了教学组织形式的分类、主要类型、研究趋势和改革探索。

第一节 教学组织形式的分类

教学组织形式概念的核心应是组织形式，对教学组织形式进行分类，应以教学组织形式的内涵和外延为依据。[1] 根据教学组织形式的定义，教学组织至少包括学生、教师、时间以及空间四个要素，因此，可分别从这四个方面对其进行分类。

一、以学生组织形式分类

（一）个别教学制

个别教学制是指教师对每个学生分别进行知识技能指导和传授的教学组织形式。 在人类社会发展的早期，教学主要采取个别教学制，无论是古代的中国、埃及还是希腊都是如此。 在古代社会，由于生产力水平低下，科学技术落后，剩余产品不多，能够从事学校教育工作的教师和接受学校教育的学生都非常有限，因此，个别教学制得以实行和长期存在。 由于学生数量少、年龄层次和知识水平相差悬殊，因此教师只能根据不同学生的具体情况分别施教，学生没有固定的入学、毕业时间，可以随时入学，也可以随时结束学业。

（二）集体教学制

集体教学制是指将学生集体组织起来，在同一时间和空间由一个或几个教师面向学生进行集体授课的教学组织形式。 集体教学制的表现形式为班级授课制、贝尔－兰卡斯特制等。 其中班级授课制是当前各国教学实践中运用最多的教学组织形式。

---

[1] 陈玉祥："教学组织形式的分类问题"，载《盐城师范学院学报（人文社会科学版）》2001年第4期。

（三）小组教学制

小组教学制在集体教学制受到质疑和批评时成为最有效的教学形式，也被称为分组教学。 分组教学大致有两种类型：外部分组和内部分组。 外部分组打破按照年龄进行分组的标准，按学生的学习能力或学习兴趣来分组。按学生学习能力分组就是按学生智力或学习成绩来分组；按学习兴趣分组也叫选修分组，是跨班级跨年级的，如各种课外活动小组、兴趣小组等。 内部分组是在按年龄编班的班级内部按学生学习能力或成绩再编班或分组，形成班中有班、班中有组的教学组织形式。

（四）开放教学制

开放教学制最大的特点是放弃了班级教学的形式，教学没有固定的形式和结构，教师以学生的兴趣为中心，在教学活动中为学生提供学习情境，引导、鼓励和帮助学生，而不直接介入学生的学习活动。

这里需要指出的是，班级授课制本质上是"着眼中间，兼顾两头"，减少差异的教学组织形式。 这种教学形式使得学习困难的学生没有得到切实的帮助，成为"白读生"，他们是这种教学制造出的失败者；而优秀的学生，永远只是在等别人，在"陪读"，学习的热情与兴趣也许在缺乏挑战的学习中消磨殆尽，最终"泯然众人矣"。[①] 因此，在班级授课制无法满足因材施教的要求后，人们在结合个别教学制、小组教学制以及开放教学制等多种组织形式的基础上，进行了一系列趋向于个性化教学的教学组织形式的探索，采取了一系列变革教学秩序的举措，力图推行个性化教学。 所谓个性化教学，即指以尊重学生的个体差异为基本的价值取向，在弹性开放的时空环境中，运用多样化的教学媒介和手段，师生之间、生生之间通过个别学习、小组学习、集体学习等多种组织形式建立起多向互动的作用方式、结构

[①] 吕星宇、李岚："发展差异：教学组织形式改革的应然选择"，载《辽宁教育研究》2007 年第 11 期。

和程序，从而促进学生个性的和谐发展。[1] 在教学实践中，其主要包括道尔顿制、文纳特卡制、设计教学法、分组教学制、特朗普制、开放教学等。[2]

二、以教师组织形式分类

（一）包班制

包班制是指一名教师承担一个班的全部教学任务。其好处是，一个班的教学由一名教师承担，不同学科的教学开展得更具协调性、综合性，教师对学生的学业发展能有整体性了解和掌握。同时，该种教学组织形式也有助于师生之间良好关系的建立。但包班制对教师的要求较高，需要一名教师掌握不同学科的教学方法和教学内容。在该种教学组织形式下，同一学校内的班级差距由于教学者的不同而被拉大。因此，该种教学组织形式主要应用于低年级段，一般是小学一年级到小学三年级这一阶段。

（二）科任制

所谓科任制，即同一个班的不同学科的教学分别由不同的教师担任。一名教师可能负责同一年级一个班或多个班的某一学科的教学，也可能跨年级教学。在该种教学组织形式下，教师的学科专业水平提高后，教学质量易有所改善，但也容易造成不同学科之间教学的割裂。

（三）协同教学制

协同教学制也称小队教学制。两名或两名以上的教师合作，根据各自的能力和特长组成"互补性"小队，通过分工协作，在教学中分别承担不同的任务，共同负责一个班或几个平行班的教学工作。

---

[1] 熊梅、卜庆刚："个性化教学组织形式的实践探索"，载《中国教育学刊》2014年第7期。
[2] 司成勇："走向个别化教学——论教学组织形式的发展历史与逻辑的统一"，载《教育探索》2011年第2期。

三、从教学活动时空维度分类

　　从时间维度进行分类，教学活动可分为年级制、不分年级制、弹性升级制三种，把这种教学组织形式看成教学制度更为合理。 年级制是为学生确定一年内应掌握的学习内容，学年结束进行考核，学生若达到一定的修业水准即升入高一年级的教学组织形式。 在年级制中又有按学生的某种同一性进行组合的不同的教学组织形式，如能力分组制等。 不分年级制（又称分组教学或多级制）是不采用"年级"名称，学业进度、课程范围、课程深度、修业年限由学生个人视学习能力和学业情况而定的教学组织形式。 如道尔顿制、文纳特卡制等则是这种教学组织形式的变式。 弹性升级制（又称弹性制、学科弹性制和活动分团制）是保留年级称号，但升级有灵活性，以学科为单位或将课程分成进度快慢双轨制，实行跳级的一种教学组织形式。[1]

　　此外，以教学活动所发生的空间为分类标准，教学活动又可分为校内教学和校外教学。 校内教学以课堂教学为主要方式，而校外教学以现场教学为代表。

　　从教学组织形式的发展趋势看，世界各国的教学组织形式虽然在同一时间步调略有差别，但整体上依然呈现出从个别教学到集体教学再向个别教学回归的趋势。 毕竟，教学组织形式的发展是随着社会的发展而发展的，社会生产力与生产关系是制约教学组织形式发展的根本因素。 人类社会发展的早期之所以采取个别教学制，是因为当时生产力水平低下，剩余产品非常有限，不能满足太多的人脱离生产劳动而接受教育或从事教育活动的需要。这也是我国古代社会出现官师合一现象的原因。 个别教学制成为当时教育发展的一种自然选择。 随着资本主义制度的诞生，资本主义生产方式在欧洲普遍确立，以机器生产为标志的社会化大生产在欧洲被推广，此时，实行集体教学制既是由资本主义社会化大生产中需要大批有知识、有文化的劳动者的现实决定的，也是由资本家追求剩余价值的本性决定的。 集体教学制

①陈玉祥:"教学组织形式的分类问题"，载《盐城师范学院学报(人文社会科学版)》2001 年第 4 期。

虽然解决了学校"生产"人才的速度和效率问题，但它难以切实做到因材施教，因而催生了各种各样针对集体教学制的教学改革运动。①

可以发现，人们力图在教育的高质量和高效率之间寻求可能的平衡，虽然所采用的各个教学组织形式的具体策略和特点不同，但有一种共识：集体教学制难以满足学生个性化发展的需求，需要其他教学组织形式对其进行补充甚至与其重组，这既是教育历史发展的必然选择，也是从逻辑理性角度做出的可靠判断。个别教学和集体教学就像一个矛盾体的两端，任何一国都不可能完全采用集体教学组织形式或个别教学组织形式，一定是二者在某种比例下的融合，偏执一端必定会影响教学质量，影响教学目标的达成。

第二节 教学组织形式的主要类型

在教学组织形式发展的历史长河中，主要的教学组织形式除了班级授课制外，还包括贝尔－兰卡斯特制、道尔顿制、文纳特卡制等。

一、班级授课制

班级授课制，简称"班级教学"，是指将学生按照年龄、知识层次等编成有固定人数的班级（也有按照兴趣爱好和特长来编班的），教师按照学校的课程计划/教学计划、课程标准/教学大纲、课程表、作息时间表等面向学生集体进行授课的教学组织形式。这种教学组织形式产生于资本主义萌芽时期，当时的教育思想家和实践家创造了这一形式。捷克教育家夸美纽斯总结了当时学校的教学实践，在理论上对班级授课制进行了论证，使其发展

① 司成勇："走向个别化教学——论教学组织形式的发展历史与逻辑的统一"，载《教育探索》2011 年第 2 期。

成为一种基本的教学组织形式。 德国教育家赫尔巴特于 19 世纪初提出了
"明了、联想、系统、方法"教学阶段理论，使班级教学的设计与实践更具
可操作性。 20 世纪中叶，以凯洛夫为代表的苏联教育家修正并完善了赫尔
巴特的教学阶段理论，提出了课的类型和结构的概念，使班级授课制进一步
得以完善。

二、贝尔－兰卡斯特制

这种教学组织形式仍以班级为基础，教师从中选择一些年龄较大、学习
成绩好的学生充任"导生"，首先对这些"导生"进行教学，然后由他们教
班中其他学生，所以它又被称为"导生制"。 现如今在我国某些学校推行的
"小先生制"与此类似。

三、道尔顿制

道尔顿制是美国进步主义教育家帕克赫斯特在教学改革实验的基础上创
设的一种教学组织形式。 其主要通过以下步骤进行教学：教师不再向学生
系统讲授教材内容，而只为学生指定自学参考书、布置学习任务，学生自学
和独立完成学习任务，有问题时才请教师指导；学生完成一定阶段的学习任
务（学习任务按月布置）后要向教师汇报学习情况并接受考核，考核合格后
再接受下一阶段的学习任务。 道尔顿制的优点在于重视学生自学和独立完
成作业，有利于调动学生的学习能动性，培养学生的自学能力。[1] 它主要有
三个特点。 首先，教师要与每个学生签订学习"公约"，学生则按照"公
约"的要求自学。 即将各科学习内容分制成月作业大纲，让学生明确自己
应完成的各项学习任务，学生可以按照自己的实际情况和水平自由支配学习
时间。 其次，将教室改为各科作业室或实验室，根据不同学科的性质陈列

_____

[1]辛朋涛："道尔顿制与'菜单式'班级授课制的结合——兼论文科研究生教学组织形式的
变革"，载《学位与研究生教育》2006 年第 5 期。

相应的参考用书和实验仪器，供学生使用。各作业室或实验室都安排了辅导教师，以便对学生的自学进行指导。最后，设置成绩记录表，由师生分别对学习进度进行记录，以增强学生的学习动力，简化学生管理程序。

四、文纳特卡制

文纳特卡制是美国教育家华虚朋在教学改革实验的基础上创设的一种教学制度。它秉承了"教学个别化"和"学校社会化"的理念，具体做法如下：教师按照学科内容，以学生自学为主，采用个别教学的方式使学生学习共同的知识和技能（如阅读、写作、会话等）；不同学生间的学习进度是有差别的，同一学生学习不同学科内容时其进度也是不同的；每个学生都要先接受诊断性测验，以确定其应接受什么样的学习任务；在自学一个单元的教材内容并完成作业后，必须通过正式测验才能进入新单元的学习；平时有学习进度记录；强调集体活动，学生每天上午和下午都有一半时间用于做游戏、演唱、表演、公开讨论等活动。以上活动均由学生自己设计、自己组织，教师要对活动进行必要的指导，旨在培养学生的创造性和合作精神。

五、设计教学法

设计教学法是美国进步教育运动中推行的一种教学制度，一般以美国教育家克伯屈为此教学法的代表人物。它打破了传统的学科知识体系，以学生生活为中心组织综合性学习单元，在教师指导下由学生根据自己的经验和兴趣确定学习目标，拟订活动计划，组织活动和进行评判。

六、特朗普制

特朗普制是美国教育学家劳伊德·特朗普于 20 世纪 50 年代提出的。它将大班上课、小班讨论和个人独立研究结合起来，以灵活的课时代替固定的上课时间。 具体做法是:首先,大班上课,把两个或两个以上的平行班组合在一起,由出类拔萃的教师进行授课;其次,小班讨论,每班有 20 人左右,由教师或优秀学生带领大家研究、讨论大班的授课内容;最后,个人独立研究,由学生独立完成作业,以促进学生个性发展。 在这种教学组织形式中,大班上课、小班讨论和个人独立研究各自所占教学时间的比例分别为40%、20%和40%。

七、小组合作学习

小组合作学习是指在不打破原有行政班界限的前提下,将班内学生按照学习能力、兴趣爱好划分为组内异质、组间同质的若干小组,教学过程中以小组的总体成绩为奖励依据,旨在促进学生在异质小组内相互合作、共同达标的教学组织形式。

八、小班化教学

小班化教学即指对规模小型化班级的教学,是班级授课制的一种变式,但又有别于传统课堂教学。 与以往的大班相比,小班人数明显减少,班级规模一般不超过 30 人,师生关系更加密切,对教学环境的要求更高。[①]

九、分层教学

分层教学即指根据学生的能力以及兴趣对学生进行层次划分,教师依据不同的层次开展不同的教学活动。 分层教学包括两种主要形式,一种为班内分层,即不打破原有行政班的结构,教师依据自身的教学安排在集体教学

[①]李彦峰、周先进、曾建国:"新课程背景下课堂教学组织形式的建构",载《教育探索》2009年第 4 期。

的基础上分层次教学，给予不同层次的学生不同的学习指导。 在实践领域，"自然分层教学"即属于此种。 另一种为班际分层，即将原有的行政班打乱，学生根据不同学科的不同层次，进入不同的教室上课。 这种形式以走班制为代表，在实践领域，以北京十一学校等为主要代表。

十、走班制

所谓走班制，是指在保留原有行政班级的情况下，学生根据学校实际和自身的学习个性，以及自己选择、设计的课程套餐，到各个不同类型的学习班级中流动地完成学习任务的教学组织形式。 学习的课程不同，组成学习班级的学生也不会相同。① 从这里可以看出，走班制实质上是分层教学的一种形式。 从走班制在我国的发展历程来看，其源于 20 世纪 90 年代上海、江苏、天津和山东等地为推行素质教育所进行的关于学分制和选课制的教学试验，但是受当时教育环境影响，并没有得到真正发展。 直到 2009 年北京十一学校全面实行走班制教学，才真正完整地将走班制展示在国人面前。②

第三节 教学组织形式研究趋势

一、由对班级授课制的研究转向对个性化教学的研究

从总体上看，与国外研究者对教学组织形式的探讨相似，近些年我国学者对班级授课制存在的弊端已经达成共识，他们也更加关注如何在班级授课制的基础上开展个性化教学。 王清探讨了大班额背景下个别化教学可采取

---

① 周锐："新课改视野下中学课堂教学组织形式变革研究"，湖北大学硕士论文，2013 年。
② 张琨："'走班制'中学教学楼建筑功能组织模式研究"，北京建筑大学硕士论文，2016 年。

的策略和方式。① 而熊梅、卜庆刚则对将个别学习、小组学习以及集体学习三种教学组织形式相结合进行个性化教学的具体实践方法和策略进行了探讨。② 李太平、王超则从知识观转型和个性理论的角度，阐述了个性课堂建构原则和特点。③ 冯瑶、孙新从核心素养的视角提出了进行个别化教学的有效策略。④

二、小组合作学习、分层教学成为重要研究内容

当前，针对小组合作学习，多数研究者主要结合具体学科的教学实践经验、学科的特点进行了策略和方法的探讨。 而在高中的所有学科中，英语学科方面的研究比例最高。 在实践领域，杜郎口中学的教学组织形式是小组合作学习的代表。 杜郎口模式的出现，不仅在教学实践领域引发了学习"杜郎口"的热潮，也催生了一系列关于杜郎口中学相关教学组织形式的研究和探索。 这些学术研究多从两方面对杜郎口模式进行探讨：杜郎口模式所具有的重要价值⑤，以及其在具体学科领域的应用⑥。 针对全国各地学习杜郎口模式的情况，也有研究者从学习杜郎口模式应把握的问题的角度进行了探究。⑦

分层教学根据学生的学习基础、学习能力、学习态度、学习成绩的差异和提高学习效率的要求，结合教材，按课程标准要求的基本目标、中层目

---

① 王清："大班额背景下个别化教学的行动研究"，扬州大学硕士论文，2013 年。

② 熊梅、卜庆刚："个性化教学组织形式的实践探索"，载《中国教育学刊》2014 年第 7 期。

③ 李太平、王超："个性课堂及其建构"，载《高等教育研究》2015 年第 12 期。

④ 冯瑶、孙新："二十一世纪的学习：基于核心素养的课堂教学组织形式变革"，载《教育观察（下半月）》2017 年第 7 期。

⑤ 潘涌："基础教育改革的最新'中国案例'——论杜郎口课堂改革的经验、价值、问题和启示"，载《首都师范大学学报（社会科学版）》2014 年第 4 期。

⑥ 吴贺天："论杜郎口'三三六'自主学习模式在语文教学中的应用"，载《大众文艺》2011 年第 12 期。

⑦ 吴美兰："浅论如何培养学生自主学习能力——杜郎口中学模式尝试"，载《才智》2011 年第 21 期。

标、发展目标这三个层次，将学生依上、中、下按 3：5：2 的比例分为 A 、B 、C 三个层次。A 层是拔尖的优等生，即能掌握课堂学习内容，独立完成基础性习题，完成教师布置的复习参考题及补充题，可主动帮助解答 B、C 层学生的疑难问题，与 C 层学生结成学习伙伴；B 层是成绩中等的学生，即能掌握课堂学习内容，独立完成基础性习题，在教师的启发下完成补充题，积极向 A 层同学请教；C 层是学习有困难的学生，即能在教师和 A 层同学的帮助下掌握课堂学习内容，完成基础性习题。

三、新高考改革过程中，走班制成为研究重点

随着新一轮基础教育课程改革的不断深入以及新高考政策的推行，作为分层教学的代表形式——走班制逐渐成为教学组织形式研究的重点，一大批学者和教育工作者都对走班制进行了一系列的探索和研究。很多学者在研究中论述了走班制的优势和不足。张梦皙认为，与传统教学模式相比，走班制将更多的主动权交给学生，由学生"点餐"，学校跟进服务，形式更加开放，也有助于打破高中生由于文理分班造成偏科的困境。[1] 但也有学者认为，传统行政班级存在的一个重要意义是让学生有归属感，而班级"动起来"后，学生每天忙碌地穿梭于各个教室间，会弱化集体主义思想以及使归属感、安全感缺失等，并且在"动态中"，教师对学生个性的把握存在困难，难以针对学生的差异性做到因材施教。[2] 还有人认为，若不能合理实行走班制，将会出现"走班"被异化为"快慢班"的情况，甚至从根本上背离教育公平原则。[3] 实行走班制必须明确学校课程体系，分班环节必须坚持实事求是、自主自愿原则。也有研究者认为，走班制容易导致学生们倾向选择容易学的、教师水平高的学科，如此选课会造成自身知识结构不合理。[4]

①张梦皙："近年来普通高中教学组织形式变革研究综述"，载《教育科学论坛》2017 年第 11 期。
②王润："新高考改革背景下高中实施走班制的问题审视与路径超越"，载《中国教育学刊》2016 年第 12 期。
③鹿星南："走班制：内涵、问题与改进"，载《教育导刊》2015 年第 11 期。
④林海妃："走班制背景下普通高中生管理问题研究"，华东师范大学硕士论文，2016 年。

可以看出,走班制由于其灵活、开放的特点,适应了当前教学组织形式改革的要求,与新高考制度相适应,在未来有着光明的前景,但与此同时,从走班制的研究也可以发现,如何在实行走班制的同时继承班级授课制的优点,仍是亟待理论与实践研究者解决的问题。

四、网络教学成为新的关注点

网络教学经历了从对传统教学组织形式没有影响,到与班级教学组织形式相融合的过程,现在,这种教学组织形式正以无可比拟的优势冲击着班级授课制。 王星、杨文正论证了网络教学组织形式优化实施策略,即构建泛在学习体验室、多终端同步视频互动网络教学平台、立体的交互系统、学习资源动态推送系统,以及多层次的网络共同体等。[①] 但当前,网络教学的研究主要集中在高等教育领域,基础教育领域的研究还比较少,而针对高中阶段的专项研究更是寥寥无几。

第四节　教学组织形式改革探索

一、教学组织形式改革阶段划分

(一)班级授课制确立、被打破、重建(1949—1992 年)

中华人民共和国成立以来,全面规范中小学教育的文件——《小学暂行规程(草案)》和《中学暂行规程(草案)》于 1952 年颁布,规范了中小学的课程设置,明确了中小学的办学宗旨和性质。《中学暂行规程(草案)》中规定了中学的课时、教学过程要求,并提出"课堂教学为教学的基本形

---

① 王星、杨文正:"网络教学组织形式优化发展研究",载《中国电化教育》2013 年第 1 期。

式，教师须根据教学计划、课程标准的规定和学生身心发展的规律，充分掌握教材内容，运用正确的教学法，按照一定进度循序渐进地进行教学"。 班级授课制在此时得以确立。

1953 年 7 月，《中学教学计划（修订草案）》颁布，为避免新的教学计划在试行过程中引起教学上的混乱，同时颁布了《1953 年 8 月至 1954 年 7 月试行中学教学计划（修订草案）的调整办法》。 这一阶段课堂教学中出现了机械套用凯洛夫的"五环教学"模式并将其作为唯一教学形式的现象。

而从 20 世纪 60 年代中期至改革开放前这一阶段，我国课堂教学受到"文化大革命"严重影响，几乎处于停滞甚至倒退的状态。 为贯彻"教育为无产阶级的政治服务，教育与生产劳动相结合"的教育工作方针，教学组织形式呈现现场教学为主、课堂教学为辅的局面，大有"以生产劳动代替学习"之势，课堂教学的科学组织几乎不复存在，课堂教学质量严重下降。

从 1977 年到 20 世纪 90 年代初，我国基础教育教学在秩序恢复和重建的基础上，不断得以深化、发展。 虽然国家教育政策不断调整，但总的来说，教学组织形式并没有打破原有班级授课制的框架。

（二）教学组织形式改革的初步实验阶段（1993—2000 年）

从 1993 年起，随着《中国教育改革和发展纲要》的颁布，我国基础教育课程方案也进行了相应调整。 1999 年，中共中央 国务院《关于深化教育改革，全面推进素质教育的决定》颁布，提出了全面推进素质教育的要求，改变了以往教学过分强调学科知识学习的局面，开始关注学生素质的全面发展。 在课程管理方面，引入了地方课程，赋予了地方更多的教育自主权，出现了"中央、地方、学校"三级课程管理体制。 在此基础上，一系列课堂教学改革实验在各地纷纷展开。

（三）教学组织形式深入发展阶段（2001—2009 年）

20 世纪末 21 世纪初，我国新一轮基础教育课程改革开始。 1998 年 12 月教育部颁布了《面向 21 世纪教育振兴行动计划》，明确提出了 21 世纪初期我国教育改革和发展目标。 而基础教育课程改革的指导性文件——《基础教育课程改革纲要(试行)》于 2001 年颁布,这标志着新一轮基础教育课程改革的全面展开。 在普通高中课程方面,2003 年,教育部印发了《普通高中课程方案(实验)》,明确了语文等学科的课程标准(实验),并于 2004 年秋开始在试验区进行试验。 新一轮基础教育课程改革以人的全面发展为核心价值,促进不同学生个性化发展和全面提升学生综合素质,在课程结构方面,要求改变以往单一的课程结构,开设选修课程、活动课程以及综合课程;在课程实施方面,倡导学生主动参与、乐于探究、勤于动手,改变以往全盘接受、死记硬背、机械训练的学习方式,培养学生的独立思考能力、实践能力、自学能力和创新能力。

(四)教学组织形式的全面改革阶段(2010 年至今)

自 2010 年以来,伴随着我国教育发展纲领性文件《国家中长期教育改革和发展规划纲要(2010－2020 年)》的发布,"分层教学""走班制"首次出现在国家级教育发展规划类文件中,一系列教育改革的新政策、新举措开始落地实施。 2014 年,国务院《关于深化考试招生制度改革的实施意见》发布,标志着新的考试招生制度改革的开始。 同年,教育部《关于全面深化课程改革落实立德树人根本任务的意见》发布,标志着与新考试招生制度相对应的课程改革全面展开,一些涉及教学组织形式改革的政策文件也逐步出台。

二、教学组织形式改革的区域探索

在普通高中课程改革过程中,上海市、浙江省的课程改革举措各具特点,但均已从学校的课程顶层设计阶段进入学科课程改革以及选课走班制的实施阶段,与其他地区相比已先行涉入改革深水区。

上海市、浙江省作为第一批高考综合改革试点地,进行了灵活多样的走班制探索。 从类型来看,走班制以分层走班、分科走班及混合走班为主,但还有选师走班、分项走班、项目走班、网络走班等尝试。 表 6-1 概括了上海、浙江两地走班模式的类别、适用原则和适用范围。

表 6-1　上海、浙江走班制类别、适用原则和适用范围

类别	适用原则	适用范围
分层走班	最适合（针对教学内容的难度和教学进度）	必修与选修课程
分科走班	最喜欢（针对学科和职业方向）	选修课程
选师走班	最喜欢（针对老师或教学风格）	必修与选修课程
分项走班	最适合（针对研究项目内容）	体育、艺术等选修课程
项目走班	最适合（以研究、实验为目的）	大学先修课程
网络走班	最高效（一名教师同时对多名学生授课）	选修课程

分层走班适用于必修课和选修课。必修课的分层走班可固定为行政班。例如，浙大附中和杭州东方中学实行英语分层走班，宁波市镇海中学实行数学和英语分层走班，杭师大附中所有必修课实行分层走班。宁波市鄞州中学、浙江省温州中学、嘉兴一中、浙江省春晖中学等校则实行选修课分层走班。

分科走班针对选修课，实施难度比较大。浙江某校选择化学为选修课的学生最多，于是优先对化学实行分科走班：高一上学期按行政班教学 2 个月后进行必修和选修分流，将班级编成必修和选修两个学部分班教学；高一下学期期末针对学生总体选修情况重新编班，组成"化生政班""化生物班"……到高二时走班规模基本固定。宁波市镇海中学和余姚市余姚中学分科走班均以尊重学生的选择、满足所有学生的选课需要为第一原则，以语文、数学、英语教学为主体设定行政班，从高一下学期起实行选修课走班教学，选修课每周 5 个课时要求，平均每天有 3 个课时集中安排走班。到高二上学期，因必修和选修原因出现更多走班组合。

海宁市高级中学全面实施选师走班制。从高一下学期起实行走班教学，语文、数学、英语按常规行政班授课，物理、化学、历史和地理实行走班教学，高二增加生物、政治和技术走班教学。课程均分 A、B 两个层次，同层次的班配备不同教师供学生自主选择。选师走班实行难度大，教师有压力，但可在一定程度上促进教师专业素养与教学能力的提升。

台州市第一中学结合学生差异显著的实际实行混合走班制，具体经验包括：(1)按学生学业水平划分学部，学部内分层组班。(2)分类分层选课。

学生参考心理测试与学业测试结果自主选课，定期流动调整，规范管理。(3)模块化排课。 同一学科安排在同一时段授课，学部间课表可复制修改。(4)编排两套课表：教师－学生课表；行政班－走班课表，方便师生对表找班。 (5)实行行政班班主任与教学班导师双岗协同立体管理。

浙师大附中实行分层分类选课走班制，形成"二三四"走班模式。"二"指的是教学班和行政班两种教学组织形式；"三"指的是三个不同维度，即专业分类、水平分层、内容分项①；"四"指的是分四个阶段稳步推进教学。 学校把高中三学年划分为四个阶段，十二个学段，第一阶段是第一学段，第二阶段是第二、三学段，第三阶段是第四至九学段，第四阶段是第十至十二学段。 分层分类选课走班模式，最大限度地挖掘了学校的课程资源。

三、教学组织形式改革的学校探索

北京十一学校从 2009 年开始进行学校转型实践，根据国家课程改革要求，大力推进学校课程体系建设、教学组织形式变革、学校管理制度改革、育人模式转型。 北京十一学校承袭多年的"行规"被逐一打破——教师从"警察""看守""门岗"的角色中退出来，开始找回教书育人的感觉；各种课程"产品"被开发出来，把课堂还给了学生；管理和评价方式被改革，唤醒了学生的内动力，让孩子学会为自己的成长负责。② 北京十一学校走班制探索在我国普通高中教学改革过程中起到了重要的示范作用，2014 年，该校的"普通高中育人模式创新及学校转型的实践研究"获基础教育国家级教学成果特等奖。

①"专业分类"指的是根据学生兴趣特长和未来专业发展意愿确定高考选考科目，并依此分类组班；"水平分层"指的是根据学生现有学科水平和学习意愿确定 A、B、C 三个层次，并依此组班；"内容分项"指的是基于学生对不同趣味的项目选择和不同模块的内容选择来组班。
②高靓、李曜明："寻找变革的力量 —— 北京十一学校创新育人模式改革纪实（中篇）"，载《中国教育报》2014 年 4 月 2 日。

（一）设置适合每一名学生个性发展的可选择的课程体系

学校为了实现预设的教育理想和价值，设置了一套分层、分类、综合、特需的课程体系，包括若干门学科课程、综合实践课程和多个职业考察课程，供学生自由选择。还有多个社团、学生管理岗位供学生实践锻炼。对数学、物理、化学、生物等课程，按照课程难度进行分层设置；对语文、英语、历史、地理、政治，按照学生的学习基础、发展方向进行分类设置；将信息技术和通用技术整合为技术；体育按照运动项目，设置分类课程；艺术融合音乐、美术、舞蹈、影视等内容，设置综合课程。以数学为例，由易到难分为五级。数学Ⅰ级是高考文科的基本内容，适合人文方向的学生。数学Ⅱ级针对经济类方向的学生。数学Ⅲ级是高考理科的基本内容，适合工、农、医等方向的学生。数学Ⅳ级面对三年制高中数理方向、自主学习习惯好和能力较强的学生。数学Ⅴ级面对四年制高中数理方向、酷爱数学、具备了一定数学思维的学生。为满足一部分学有余力、希望提前学习大学相关专业课程的学生需求，学校还开设了大学先修课程。此外，还有一些"特殊"的综合实践课程，是围绕学校育人目标"志远意诚、思方行圆"设置的。比如"志远"课程，包括"名家大师进校园""名师讲堂""学长有约""学生影院"等，目的是引导学生进行职业规划和人生规划，确立人生目标；"意诚"课程包括管理与服务活动、结业活动、社团活动、假期社会实践等；"思方"课程包括策划创意、提案建议、课堂金思维、外国文化日、研究性学习等。而学生的思想品德表现，则在"行圆"课程中记录。在这个分层与分类、专项与综合相结合的课程体系中，除了少数的必修课程外，选修课程占到了98％的比例，凸显出学生的选择性很强。

学生在选课方面，一是选择适合自己的课程模块，二是选择适合自己的学习时段，一个学期选一次课。高一第一个学段的必选科目为语文、数学、英语、体育，其他科目都可供学生在不同学段自由选择。学校实施了"大小学段制"，即每个学期包括两个大学段和一个小学段，每个大学段9周，大学段主要进行统一课程的集中学习，两个大学段之间的小学段，为期2周，不安排统一的学习内容，每个学生根据自己的学习需求，制订符合自己的自主学习计划，可以到校进行自主学习，也可以到校外的实验基地等进行实地体验学习。

（二）学生走班上课，行政班转变为教学班

通过选课，每一个学生有了自己的课表，到不同的教室走班上课，在不同的教学班与不同的学生共同学习。传统的行政班变成了教学班，教室承载了更多的教育功能，具有上课、读书、实验、讨论、教研等多种功能；教室更具有学科特点，如语文课教室里设有书画、诗词墙等，古雅之风扑面；而在生物课教室里，学生们和这里的动、植物一起呼吸、生活，不一样的教室有不同的主题词。

（三）确立选课制运行保障体系

首先，建立科学多元的评价与诊断体系。学校关注学生的学习过程，随时随地地记录和反馈学生的学习情况，以便学生有针对性地调整自己的行为和学习状态。学校强调考试的诊断功能，通过诊断分析，帮助学生查找问题，为改进教与学提供参考。同时，借助网络平台和数据分析工具，形成个性化的学生学业诊断与考试评价分析系统，向每一位学生及时提供多角度的学业发展信息，为学生的自我管理、自我规划提供服务。其次，形成全员育人的教育网络。学校实行自主导师制，学生根据自己的意向，自主选择导师，一位导师带领10～15名学生，组成一个亲密的团队。导师要定期组织团队中的学生进行集体活动，或座谈解惑，或分享经验，或外出实践等，增加团队成员的接触机会。除此之外，导师还需要与学生形成对应的关注机制。[1]

---

[1] 迟艳杰："北京十一学校课程改革的意义及深化发展的问题"，载《当代教育与文化》2015年第4期。

第七章

整体建构：新样态课堂改革

　　教学改革作为教育改革的主要内容、核心领域，一直以来受到教育理论界、学校的高度关注。教学改革中必须革除教学表象化、表演化、模式化、知识化等倾向。学校教学如何落实立德树人根本任务、聚焦核心素养培育，依然任重道远。"新样态课堂"的提出从本质上而言，是对以上问题的回应，有利于挖掘课堂的生命价值，彰显学校教学的生成、交往属性。

　　推进新样态课堂建设是落实立德树人根本任务、聚焦学生核心素养培育的有力抓手；是体现新样态学校"有人性、有温度、有故事、有美感"四有新特征的主渠道；必须植根学校文化，体现学校育人理念与目标的新设计与新思想。本章主要探讨新样态课堂的理念、主张与实践，旨在挖掘其实践经验与加强对学校教学本质的认识。

第一节 新样态课堂的提出

2016 年 4 月，中国教育科学研究院基础教育研究所陈如平提出创建"有人性、有温度、有故事、有美感"的新样态学校这一理念，旨在重点解决中小学、幼儿园发展"内生动力"和"创新活力"不足问题，是先进教育思想、理念和理论落地的有效路径、方式，通过寻找"打开学校发展的正确方式"，为学校自主、创新、可持续发展提供一种普遍方法。

新样态学校力图从教育的"本我""真我"出发，高举"去功利、致良知"大旗，主张"坚持教育本真，回归学校本位，遵循本质规律，彰显学校本色"，引领学校实现内生式发展，整体建构育人模式和学校课程体系，实现"学校要有学校样，一所学校一个样，校校都有自己样"。这些理念和主张符合教育本质规律，是对高品质学校建设热切期待的回应，是对办好人民满意的教育的观照。

一、新样态学校的内涵

新样态学校的内涵包括"全面育人、文化内生、课程再造、整体建构"四大部分。其中，"文化内生"是核心，熟练掌握"文化内生"的路径、方式和机制是创建新样态学校的根本立场、重要手段和操作策略。新样态学校把"办学理念"作为立足点，规划设计适合各级各类学校的文化内生路径。长期以来，众多学校对办学理念基本上是一种"熟视无睹"的态度，办学理念只是一句口号、一个名词、一个符号，其落地机制并没有真正形成，理念引导实践更是一句空话。由此，新校态学校采取将办学理念"上溯"和"下落"两个策略，形成新样态学校的文化内生路径。

"上溯"旨在寻找办学理念的源头出处，包括三个环节：识别、挖掘和选择学校的文化基因，抽取符合教育本质的意义和价值，选用恰当的概念进行主题表达。 其中，新样态学校引入了"文化基因"这个重要概念。 正如人与人有差别一样，每一所学校也有与众不同的文化基因。 找到这些基因，托物言志、借景生情，抽取其中隐含的意义和价值，再间接表现为反映每个人对教育活动的认识、理解和评价的主题，能更好地体现学校的精神长相和教育品质。

"下落"策略则指办学要走系统化整体建构之路，将办学理念融入学校具体实践，也包括三个环节，即整体建构学校的育人模式，规划设计学校的课程体系，创新探索学校教学模式，最终科学、有效、创造性地让这些模式、体系落地。 整体建构分五个基本步骤："立根子"——梳理办学理念，"定调子"——明确发展主题，"搭架子"——建构教学体系，"探路子"——创新实施载体，"亮牌子"——创建发展路径。 整体建构能有效改变学校发展"碎片化""点状式"问题，"将珍珠串成项链"，实现学校的整体性发展与系统性变革。

新样态学校探索建立落实立德树人根本任务有效机制，把培养德智体美劳全面发展的社会主义建设者和接班人作为学校教育的首要任务，把促进学生成长作为学校的重要使命。 联合国教科文组织编写的《教育——财富蕴藏其中》中指出：教育应该促进每个人全面发展，即身心、智力、敏感性、审美意识、个人责任感、精神价值等方面发展；应该使每个人尤其借助青年时代所受的教育，形成一种独立自主的、富有批判精神的思想意识，以及培养自己的判断能力，以便由他自己确定在人生的各种不同情况下他认为应该做的事情。 这些给新样态学校提出了人才培养的具体规范，给新样态学校建设提出了新的方向性要求。

二、新样态课堂的提出

（一）新样态课堂的根本在于落实立德树人、聚焦核心素养

《国家教育事业发展"十三五"规划》中明确提出，要"以新理念引领

教育现代化"，强调"把立德树人作为根本任务，全面实施素质教育，积极培育和践行社会主义核心价值观，更新育人理念，创新育人方式，改善育人生态，提高教师素质，建立健全各级各类教育质量保障体系，全面提升育人水平"。 2014 年，教育部《关于全面深化课程改革落实立德树人根本任务的意见》提出，要强化"五大统筹"，聚焦核心素养，让立德树人落地。 落实立德树人、聚焦核心素养，课堂是最为重要和核心的场域。 但并非所有的课堂都能理想地落实立德树人根本任务。 从应然视角而言，理想状态的课堂应是以学生为本位的，教师的角色是引导者、帮助者，课堂不再局限于四墙一室，而是开放有活力的，是合作共生的，是整合探究的，是质疑批判的……基于此，一种新型的课堂被关注和创生。 从本质上而言，新样态课堂不仅关注知识，同时也孕育思想，更润泽生命。 课堂不仅是教学性的存在，更需发挥教育性的价值，成为师生良好关系维系的纽带、学生主体交往的场域、个体与世界互动的大舞台。

（二）新样态课堂是落实新样态学校理念的主阵地

新样态学校有其质的规定性。 从本质上而言，新样态学校是对学校发展状态以及未来走向的一种判断。 此种判断包含三大逻辑：可能与不可能、存在与不存在、必然与偶然。 可能与不可能揭示的是学校要秉持客观的态度，将育人的可能性发挥到最大，但同时要审慎地对待学校教育的不可能之处；存在与不存在反映的是学校教育的实践表达，既有整体推进也有某一领域的变革；必然与偶然代表的是新样态学校的创生方式，既要尊重教育规律又要发挥自身的能动性。 新样态学校关于学校的定位，从外延上而言，即学校要有学校样，一所学校一个样，校校都有自己样；从内涵上而言，即有人性、有温度、有故事、有美感。[①] 新样态学校的实践推进包含六大项目，分别是美丽校园、管理创新、课程再造、新样态课堂、智慧教育、家校共育。 新样态课堂作为六大项目之一，是落实关涉、关注、关心每一个

[①] 陈如平："关于新样态学校的理性思考"，载《中国教育学刊》2017 年第 3 期。

孩子成长与发展的新样态学校办学理念的最为重要的场域。 从某种程度上而言,课堂是文化、课程、管理等方面机制创新、举措创新的"实验室",机制、举措能否整体发挥作用,能否真正落实新样态学校的上位理念,都需要在课堂上实践、检验。

(三)新样态课堂是基于学校发展本位的实践表达

新样态学校是基于文化内生、面向文化内生的学校。[①] 同理,新样态课堂无论在理念上还是在实践上,都有其文化内生性。 具体而言,新样态课堂是基于学校文化内生的课堂。 学校教学是理念与思想的实践表达,是教师在一定的文化和理念背景下,自主实践与探索教育的过程。 然而长期以来,学校教学受到行政、制度或者所谓模式的羁绊,统一化、标准化成为常态,教师的教学个性严重被遮蔽。 有学者指出,教学活动变成了简单的、常规化的也是预先规定好了的活动,教师可以不加质疑、按部就班地行事,不需要花费多少脑力,教师所有的自发性和主动性受到了极大的限制和压抑。[②] 不仅如此,反观近年来的学校教学改革,学校教学鲜有自己学校文化的烙印。 一般而言,教学有其自身的规律性,但也有很强的实践性,无论是教的一方还是学的一方,都是具体的、鲜活的个体,而非抽象的存在。 尤其在当下,无论是教育理论还是教育政策抑或是教育实践层面都力主特色发展,要求学校植根于一定文化背景中,构建学校特色文化,形成学校特色育人理念与目标,建设学校特色课程体系……学校教学如果摒弃了学校文化的特殊性,未能考虑学校育人目标的指向性,而仅仅从一般的教育教学规律出发,照搬模式、传递知识,那么学校教学就失去了应有的活力与目标指向,成为无源之水、无本之木,成为抽象化的狭隘实践。

---

①陈如平:"关于新样态学校的理性思考",载《中国教育学刊》2017 年第 3 期。
②徐继存:"教学个性的缺失与培育",载《教育发展研究》2008 年第 10 期。

三、新样态课堂的内涵与特征

新样态课堂是新样态学校教育的主阵地。 深入推进新样态课堂实践，是深化基础教育人才培养模式改革，推进"课堂革命"，努力培养学生的创新精神和实践能力的应然之举。 进行课堂改革有利于促进学生全面成长，促进学生核心素养形成；有利于提升学校教学活力，促进师生生命共同生长；有利于教与学方式的整体变革，促进教学改革进一步深入。

要认识新样态课堂，得先分析新样态学校的特征。 从新样态学校的要求来看，其应坚持四有特征——有人性、有温度、有故事、有美感。 有人性，揭示的是新样态学校的教育本质，需要学校旗帜鲜明地表达自己的核心价值观。 有温度，关键是接纳、关注、交互、共情，体现的是新样态学校的育人环境，它不是机械的、程序化的、冷冰冰的，而是亲切的、可及的、温暖的，让学生拥有更多的自由、更多的选择、更多的发展空间。 有故事，表明的是学校的文化特征，是用故事来梳理和记录学校的成长发展，是学校的一种精神长相。 有美感，则是从审美的高度审视学校，将"美"浸润到学校的各个要素、各个方面，让学生快乐学习、享受学习，学有所得。 总之，新样态课堂应是以学生发展为本位的课堂，学生是教学的起点也是最终目标；"课堂"源于生活，关注素养，是动态的、生成的、建构的，最终目的是让师生焕发生命活力；"新样态"主要体现在目标的科学合理性、教学的整合生成性、学习的深度探究性、课堂的灵活创新性上。 概括而言，新样态课堂即心中有学生，目标有尺度，学习有深度，教学有创新，情感有渗透。 那么从"有人性、有温度、有故事、有美感"四有视角来看，新样态课堂的特征具体有以下几点。

一是"有人性"体现课堂的教育特征。 课堂的核心任务是育人，不是育分。 一定要把学生当孩子看，绝对不能当成年人看，要区别对待不同年龄、不同年级、不同学段的学生。 为了建立良好的教学关系，不仅要梳理、确认学生和教师在课堂中的地位、作用、角色和行为,还要持续探索课堂中教师和学生主体性发展问题。 即使随着人工智能的发展,教学机器人等新的教学技术手段会替代教师的一部分功能来完成教学任务,课堂形态也会发生巨大变化,但仍无法改变教师和学生在课堂当中的主体性。 师生在课堂中如何互动、如何成长、如何发展,是新样态课堂必须关注的要点。

二是"有温度"体现课堂的关系特征。 课堂教学中需要建立合理、合适的教学关系,其中要体现接纳、关注、交互和共情等元素。 一节课中,教师如果能够意识到课堂里面发生了什么,而且能准确监控他们自己以及学生的意图和行为,那么就会把握好教学行为。 经验丰富的教师必然拥有比较敏锐的观察能力,既能在短时间内敏锐而精确地解读教室内发生的事件,又能及时处理各种教与学的问题。 这种能力既是教师的一种素养,也是教师遵循教学规律的真实表达,因此,新样态课堂要充分考量学生在教师引领下如何真实学习、深度学习以及全面发展。

三是"有故事"体现课堂的文化特征。 故事是文化的重要载体,包含丰富的哲理意蕴。 比如学校教学的价值和意义往往就隐藏在学校教学故事背后。 新样态课堂中应该充满各种各样的故事,以故事为载体传承甚至创生课堂文化。 日本著名企业家稻盛和夫有一句名言——现场有神灵,我们可以将其解释并扩充为"课堂里面有神灵"。 这里的"神灵"实际上是对新样态课堂精神文化的高度概括。 一节课的效果如何,关键要看各类各层次教学目标的落实情况,这些目标不仅包括知识的习得,还包括能力的培养和价值观的培育等。 可见,课堂教学承载着诸多育人元素,要充分激发学生的求知欲,唤醒学生的生命自觉,陶冶学生的道德情操等,都要从文化的视角入手。

四是"有美感"体现课堂的审美特征。 新样态学校将"美"浸润到学校的各个结构要素中,让学生快乐学习,享受学习过程,学有所得;让学生在师生交往、生生互动、自主发展过程中寻找快乐,感受幸福。 由于提高课堂质效涉及很多要素,包括价值、标准、目标、关系、方式、方法、手段、技术、策略和评价等，必须对这些要素进行全景式把握和关照，一定要建构完整、系统、全面的教学体系，要在关注课堂全过程的同时，关注课堂的内在价值，真正创造性地推进学校教学改革。

四、新样态课堂的基本主张和个性化表达

深入挖掘新样态课堂的理念、主张，有助于更加深入理解新样态课堂，明确新样态课堂的新样态所在。 具体而言，新样态课堂的基本主张与个性化表达包括以下几方面。

（一）新样态课堂的基本主张

1.坚持以学生发展为本

新样态课堂以素质教育为导向，激发学生的能动性与主动性；以学生为中心，坚持学生是学习的主体，是独特的个体，教师是学习的组织者、指导者和促进者。

2.坚持目标的科学合理性

新样态课堂根据课程标准、教材内容、教学情境、学生情况和学科核心素养要求，科学合理地确定教学目标，兼顾知识理解、知识迁移与知识创新合理地进行教学设计、组织以及课堂评价，促使学生形成正确的情感、态度、价值观。

3.坚持教学的整合生成性

新样态课堂结合学科性质与特点，创新教学模式，变革教学组织形式，注重运用启发式、探究式、问题导向式、小组合作式的教学方式。

4.坚持学习的深度探究性

新样态课堂坚持整体思维，摒弃点状思维、线性思维、静态思维和结果思维，以核心素养为导向，进行教学整合与课堂创生，使学生进行深度探究学习。

5.坚持课堂的灵活创新性

新样态课堂通过创设教学情境、设计趣味问题、引入真实实践活动等激发课堂活力,让课堂变得生动、有趣、有吸引力、有创新性,促使学生以自主、合作、探究的方式愉快地学习。

(二)新样态课堂的个性化表达

分析与解读新样态课堂,就要在坚持上述基本主张的基础上,发扬"新样态"的个性,培育教师的教学个性,发挥个性化教学的优势。

学校教学改革与发展具有明显的时代特性,时代不同,学校教学所表征出的整体样态也不尽相同。 经过多年基础教育课程改革精神与实践的洗礼,过去那种刻板的、统一的、绝对的、一言堂的学校教学模式已经成为历史,当下的学校教学模式可谓百花齐放、百家争鸣。 实践中,各种学校教学模式都占有一席之地,也都赢得了一部分学校、教师、学生、家长的拥护与支持。 模式多样、观念多元是这一时期学校教学改革的突出特征,让教学走向个性化是新时代学校教学改革的新指向。 尤其在《中国学生发展核心素养》发布后,培养学生的自主发展、合作创新素养更加被重视。 学生自主发展、合作创新素养培养离不开会合作、能创新的教师,离不开有新样态、有个性的教师与学校教学。 从某种意义上而言,教师的教学个性乃是教师作为教学主体的基本保障。 教师在教学中发展了自己的个性,也就成了主体性更明显的人。 教师也只有在不断舒展教学个性的过程中,才能真正感受、体验和享受自己作为教学主体的使命担当和幸福感。 教师是决定教学效果的最重要的、决定性的因素。 只有教师发展了个性,成了更有主体性的人,学校教学才能更加有个性,学生的个性与主体性才能获得更大发展。教师主体性的充分发挥,必然充分调动学生的主动性。 基于对教与学双边活动本质的考量,我们认为,学校教学作为实践性很强的一门教育艺术活动,是教师综合判断教学内容、学情以及环境后,采取恰当的教学方式或手段,促进学生主动学习,培养学生情感、价值观的活动,其新样态应该是个性化的。 教学要善于激发学生探究的欲望和热情，开启学生智慧思维的闸门，让学生充满灵气的大脑充分活动起来，使学生在探究知识的过程中学会学习，在学习中学会创造。 在新样态课堂中，坚持教学个性化乃是其必然选择。

第二节　新样态课堂推进的理论思考

从某种意义上而言，新样态课堂是回答"培养什么人、怎样培养人和为谁培养人"这一重大问题的微观实践。 新样态课堂实践分为基础阶段与深化阶段两部分。 基础阶段主要解决的是教学的基本规范问题，这是新样态课堂的低级阶段，本文不做过多阐述。 新样态课堂的深化阶段是内化与创新阶段，关键在于让教学空间拥有"倾听"的独特功能，让教学目标拥有"上位"的科学定位，让教学设计拥有"教育性"的过程思维，让教学方法拥有"育人"的方法特征，让教学场域拥有"丰富"的实践表达，让教学个性拥有"闪耀"的智慧光芒。

一、合理设计教学空间

从大的方面而言，课堂变革经历了三个阶段。 1.0 阶段主要解决的是课堂的基本规范问题，教学主要是完成教学任务。 2.0 阶段主要解决的是教学的模式问题，强调标准化、流程化教学，教学主要是传递知识和技能。 3.0 阶段是以学生为中心的个性化教学阶段，教学不仅要传递知识，更要培育素养、塑造情感和价值观念。 毋庸置疑，3.0 阶段的课堂是以学生为中心的课堂，以学生为中心也是新样态课堂的核心要义。 基于此，学校教学的所有元素与内容都应该是以学生为中心的。 如，在教学空间设计上，北京市海淀区中关村第三小学"班组群"设计就独具特色。"班组群"中三个班的学生来自不同的三个年级,可能是三、四、五年级的,也可能是二、四、五年级的,三个班毗邻而存,各自所在教室的"墙壁"是可以打开的,没有打开时是独立的三个班,打开后就是一个"班组群",同时三个班共同拥有卫生间、上下楼梯等空间和设施。 许多教师戏称此为"三室一厅"。 也就是说,这里的每个学生在小学六年里可以交到同一学段及另五个不同学段的学习伙伴,从而更好地形成一个学习共同体。 学生不仅与同学段同学共同学习,还可以根据自己的发展需要,与其他学段学生共同学习。 同时,来自不同学科的教师组成"家庭式合作团队",共同负责整个"班组群"学生在校期间的日常教育和管理工作。 三个不同年级组成"班组群"的设计,形成了混龄的学习共同体,形成了"学生+教师"的学习团队与导师团队,既体现了分科教学的优势,又提供了跨学科学习的机会;既有以班级授课的直接教学,又有以合作、探究为主的主题教学。

二、科学定位教学目标

教学目标是关于教学将使学生发生何种变化的明确表述,是教学活动所期待得到的学生的发展结果。 在教学过程中,教学目标起着十分重要的作用。 教学活动以教学目标为导向,且始终围绕教学目标而进行。 教学目标也是教学行为所追求的预期结果在主观上的超前反映,教学目标的建构要有系统性,不可盲目超越学段与年龄的限制。 如《礼记·学记》所陈述:"一年视离经辨志,三年视敬业乐群,五年视博习亲师,七年视论学取友,谓之小成。"教学目标有层次之分。 教学目标定位必须服务于课程标准、学科目标等的整体定位。 当下,教学目标的设计尤其要注意将学校教育目标具体化,将其转化为教育教学具体的行为表现。 教学目标还有领域之分。 如,新一轮基础教育课程改革中提出的知识与技能、过程与方法、情感态度与价值观三维目标涉及教学目标的三大领域。 在设计教学目标时,需充分考虑三大领域与教学内容、学情之间的关联性，不可偏颇。 此外，教学目标的设计也要关注结果与过程之间的关系，进行教学评价时不仅要看学生学习结果，更要关注学生的学习过程，关注这一过程中学生的情感、态度、价值观的形成与发展情况。

三、适性整合教学内容

德国教育家赫尔巴特认为，不存在"无教学的教育"，也不存在"无教育的教学"。 传统教学的目的在于尽可能多地向学生传授知识和技能，而教育性教学则侧重兴趣培养。 而在赫尔巴特看来，兴趣不仅是学习某些技能和本领的基础，更能提升道德品格。 可见，教学也传授道德。 2014 年，教育部《关于全面深化课程改革落实立德树人根本任务的意见》发布，指出深化课程改革的基本原则是"坚持系统设计，整体规划育人各个环节的改革，整合利用各种资源，统筹协调各方力量，实现全科育人、全程育人、全员育人"。 教学要以统筹实现育人目标为旨归，教学的定位与设计要有过程性思维。 具体而言，教学要始终围绕育"人"这一目标。 教学过程以及结果要凸显的是一个个具体的人的生命成长与个性发展。 一个好的教学设计需要在两个向度上实现统整。 一是教学内容的整合。 教材是教学内容最为重要的载体，但教材不等于教学内容，教师需要根据教学情况对教学内容进行加工与内化。 二是目中有人。 教学从本质上而言不是"教"的完成，而是"学"的达成。 如果撇开了学生而设计教学，再完美的教学也只是外在的表演，无法内化为学生的素养。 教学是实践性很强的一门艺术，教学设计需要始终围绕育人目标而进行。

四、大力创设教学情境

教学是教与学的双边活动，应创设丰富的教学情境。 教学情境是指在教学中，为落实教学目标，根据教学内容所设定的，适合学习主体并作用于学习主体，使其产生一定情感反应，使其积极、主动学习的具体的学习背景、景象和活动条件等。 一方面，学生学习需要丰富的教学情境。 教学情境直观地再现书本知识所表征的事物或者事物的相关背景，能够很好地处理学生认识过程中形象与抽象、实际与理论、感性与理性以及旧知与新知的关系和矛盾。 可见，创设丰富的教学情境是达成教学任务、实现教学目标、促进学生多维发展的重要手段。 另一方面，多样的学习方式需要丰富的教学情境做支撑。 以综合实践活动课程为例，该课程具有自主性、实践性、开放性、整合性与连续性等特点，关键的活动有考察探究、社会服务、设计制作与职业体验等，因为学习方式多样，所以教学场域要有所拓展，教学情境创设要丰富。 针对诸如此类的实际情况，要努力突破"教室"的空间束缚，不断拓展教学空间，结合教学实际和教学任务，创设不同的教学情境，促进教学目标的达成。

五、努力发展教学个性

新样态学校提出以及实践的逻辑理论突出一个"样"，即"学校要有学校样，一所学校一个样，校校都有自己样"。"样"是学校文化的基因，是学校实践的模样，是学校存在的状态。"样"也是一个个具体的存在，是一个个具体的形态，强调的是学校实践的个性化表达。 新样态课堂所追求的最高价值也是实现教学个性化表达，挖掘学校内在的文化基因，让教学个性闪耀智慧的光芒。 教学个性不是既定的而是生成的，不是自然形成之物而是有意识培育的结果，其产生需要有宽松自由的教学环境，也需要教师个人的积极努力。 从条件维度而言，新样态课堂是学校教学改革整体推进的产物。 创设宽松的教学环境，给教师教学研讨创造自由的空间，让教师拥有充分的教学自主权，是新样态课堂得以实践的前提条件。从认知维度而言，教师须体察到学生的独特性与差异性，机智地处理预设与生成的关系，善于把握情境创设、内容生成，让教学更加充满活力。

第三节　新样态课堂的实践推进

一、新样态课堂的区域实践——广州市荔湾区"4＋X"素养课堂

近年来，广州市荔湾区整体推进新样态课堂，并根据区域改革实际，提出了"4＋X"素养课堂理念。

（一）"4＋X"素养课堂基本理念

"4＋X"素养课堂以学习者为中心，以培养学生核心素养为目标，转变知识本位教学目标为素养本位教学目标。

素养本位教学的实质是学生本位教学，强调的不只是知识的积累、技能的训练，还包括培养独立思考的能力、适应未来工作的能力、进行终身学习的能力，培养的是合格的公民。

教学方式从课堂讲授转向合作探究展示。在培养学生的问题解决能力、信息收集和加工能力、交往与协作能力、实践操作能力、批判性思维和创新精神等核心素养方面，合作探究教学具有独特的优越性。其能让每个学生积极参与学习，每个学生都能进行深刻的学习体验，每个学生都能获得成长。

"4＋X"素养课堂实现了三个"转变"。

第一，教学形式从单一讲授转向基于项目的协作式的教与学。在"4＋X"素养课堂中，教学情景设计从独白式转向复合式，学习目的从注重知识的习得转向学习知识、实践应用、解决问题相结合。教学回归生活，让学生感悟、体验生活，培养学生积极的生活态度、社会情感、价值观念。

第二，教师从知识的传授者转变成学习活动的组织者。在"4＋X"素

养课堂中,教师是学生学习激情的点燃者、学习方法的传授者、知识学习的引导者、困惑的点拨者、学习资源的整合者。教师构建以学为中心的课堂模式,创设情境,布置任务,协助解决问题。教师从知识的主宰者变成学习活动开展的导演。

第三,教学评价从单一评价转向综合评价。综合评价主张将表现性评价、过程性评价、发展性评价、教育性评价和结果性评价等进行有机结合,对学生核心素养培育进行较为全面、客观的评价,进而提供反馈信息,以便更好地改进教与学。

(二)"4+X"素养课堂主要内涵

"4+X"素养课堂内涵源自对学生核心素养中的关键能力的概括。关键能力主要包括认知能力、合作能力、创新能力、实践应用能力。

认知能力:包括独立思考、逻辑推理、信息加工、语言表达和文字写作的素养,以及终身学习的意识和能力。

合作能力:包括学会自我管理、学会与他人合作、学会过集体生活、学会处理个人与社会的关系,以及遵守道德准则和行为规范。

创新能力:包括有好奇心、想象力和创新思维,以及能够勇于探索、大胆尝试。

实践应用能力:即知行合一,积极动手实践和解决实际问题的能力。

(三)"4+X"素养课堂基本要素

"4+X"素养课堂的"4"首先指向素养目标,即四个关键能力——认知能力、合作能力、创新能力、实践应用能力;也表示四个学习的维度——自主学习、合作学习、思维训练、实践应用。四个学习维度在课堂上具体表现为:自主学习,即教师教会学生自学,学生能自学、爱质疑,在课堂教学中,学生以自学为主,减少教师满堂灌输和讲授的现象;合作学习,即学生在学习过程中要以小组合作的方式一起学习与汇报;思维训练,强调教师要关照学生思维的发展,要给予学生表达和展示自己思考过程的机会,把思维显性化，这样才有利于发现学习中的问题；实践应用指的是学生个体在解决复杂的、不确定的现实问题时，锻炼综合性品质，知识、技能、情感、态度与价值观都包括在里面。

"X"在此表示变量，即可以根据学科、课型、学生实际进行调整。"X"可放大，也可缩小，随教学实际而变。将"X"放在学科核心素养的维度来讨论，它就是学科教学的主要抓手，是学科内容的外在表现，是实现四个关键能力的主要依托。教师在建构"4＋X"素养课堂时，心中要同时有"4"和"X"两个维度的目标。"4＋X"素养课堂是学校教学基本框架，学生学习将在此框架下真实发生。

（四）"4＋X"素养课堂体系设定

教学目标设定：体现关键能力，体现教学价值，体现学科素养。

教学内容设定：立足教材而又高于教材，在小课堂中教、学大课程。

课堂活动设定：关注学生的学，关注不同类型的学生，关注学生的深度学习，关注教学情境设计。

课堂评价设定：建立评价机制，对学生进行综合评价。

（五）"4＋X"素养课堂操作指引

"4＋X"素养课堂要求教师每一堂课预设教学目标，根据需要设计教学情境和学习活动，设计学生自主学习导学案，帮助学生建立学习小组并教会合作学习的步骤与方法，建立评价机制，综合评价学生。同时，教师要明确每堂课教学的重、难点，有效地把握课堂教学节奏。在课堂教学中，教师的作用主要是指导、点拨、答疑，指导学生自学、讨论、展示、检测、总结和巩固。

（六）"4＋X"素养课堂评价指标

目标清晰明确。整体目标包括分解目标，多个分解目标支撑整体目标。

课堂结构严谨。学习活动设计合理，课堂节奏把握恰当。

关注个体。 学习方式适合不同学习类型的学生，每个学生都能进行深度学习。 以学习任务为引导，激发学生学习兴趣，培养学生思维和创新意识。

教学方法多样。 教学组织技巧灵活、行为方式多样、流程不拘一格，使用多种教学方法。

"巧妙"安排练习。 帮助学生掌握学习策略，布置明确的学习任务，有针对性地提供辅导，创造有助于学生完成学习任务的条件。

对学习效果有明确期望。 学习内容要符合学生的学习能力，要及时检查、测试、反馈学生的学习情况，并根据情况给予帮助。

二、新样态课堂的学校探索

（一）广州市荔湾区康有为纪念小学"有为"课堂

我国学校教学样态的丰富性，体现了我国近些年来学校教学改革的新发展。 举例而言，广州市荔湾区康有为纪念小学从学校校名出发，提炼出了"有为教育"的学校办学理念。

1."有为"课堂基本情况

"有为"是形容具有良好素质的人努力进取，发挥自身的才能，达到有所作为，简单地说就是有所作为，有所建树。 "有为教育"就是学校的所有人在学校的工作、学习过程中品德、学识、技能等均有所提高，并在提高的过程中体验到提高、收获的愉悦。 康有为纪念小学提出"有为教育"培养目标，即让每一位学生都能有所得、有所获，学校既为学生提供展示个性特长的机会，又着力培养学生的创新精神、实践能力，努力让学生拥有强健的体魄、良好的品德、优异的成绩，成为爱国、有梦想、有担当、有创新精神的一代新人。 学校根据"有为教育"理念，让"成功每一步，有为每一天"成为学生日常学习、生活的目标，培养学生从小树立远大志向、多做有益之事、常怀感恩之心，努力成为学有所长、学有所特的有为学生。

2."有为"课堂实践形式

（1）整合课程资源

课程资源是课程改革中提出来的一个核心概念，在国家颁布的学科课程标准中有关于课程资源开发与利用的要求。 尤其是地方课程倡导教学的开放性与生成性，这就更离不开大量课程资源的支撑。 合理开发和利用课程资源是顺利实现课程改革预期目标、有效提高教育教学质量、促进学生全面发展的重要保障，并为教师教学方式和学生学习方式的转变提供支撑条件。

教学应改变分模块施教的模式，在设计具体教学内容时应把相关主题的内容进行整合，体现综合性价值。 课程资源整合，是以学生学习为基点的，教师要充分发挥创造性，组合和调整课程内容，帮助学生习得知识、拓宽视野，避免各学科彼此独立而造成知识割裂的现象。

（2）学生自主学习

学生自主学习的具体做法是，学生按 AABBCC 制 6 人组成一个组，组内两两结对，6 人分工协作打理本组学习事务，组长记录小组日记（组员一天中的学习事件）以及设计针对组员的奖惩规则，设计小组运作方式，以组为单位进行课堂评价。 评价类别有最佳汇报、最佳质疑、最佳点评、最佳板书、最佳作业、最佳合作等，定期总评并颁奖。

（3）灵活组织教学

新课。 着眼整体，整体把握知识体系和逻辑结构，在认知思想和教学方法上寻求突破。

练习课。 体现"兵"练"兵""兵"教"兵""兵"强"兵"的特点。 课堂是学生的舞台，黑板是学生的地盘，让学生在主讲、质疑中练习表达、学习倾听、投入心智、完善自我。

复习课。 复习不是简单地罗列旧知识，而是从更高层面进行知识架构，精选"问题切入点"，深度剖析，以点带面，把知识"串"起来。

"有为"课堂实践应用举例如表 7-1 和 7-2 所示。

表 7-1　数学学科应用举例

学科	数学
名称	"有为"课堂教学
支撑理论	"有为"教育理念三个层面的含义
理论内涵	想"为":始终有一种求作为、做贡献的愿望,合理制订学习、发展目标,立社会志、行有益事、做有为人,为"有为人生"做准备 能"为":自觉提高素质,增强能力,能有所为、有所获 真"为":自我发展、自我完善、自我提高、自我超越
操作流程	想"为":创设情境,激发兴趣 能"为":掌握方法,培养思维 真"为":检查反馈,学有所成
特点	想"为":兴趣是学习最好的老师,激发学生学习兴趣在教师的教学中是永远的话题。兴趣是学习的内在动机,从心理学角度来讲,是"一种不依赖外在报偿便能促成某种行为的东西" 能"为":采用一定的方法对学生进行学习方法的传授、渗透、指导、训练,使其掌握科学的学习方法并能动地运用于自己的学习实践中,进而形成自主学习的能力 真"为":对于每节课的教学内容,教师都进行检查,及时发现问题、解决问题,保证学生学有所获,实现"真为"
教学策略	创设情境,培养兴趣 密切联系生活实际,学以致用 以小组合作为主要学习方式 师生关系融洽,课堂气氛活跃 自主探究,学生进行"再创造"体验 注重教与学的反思,保证教学更有成效

表 7-2　科学学科应用举例

学科	科学
名称	探究式教学
支撑理论	以皮亚杰等的建构主义理论为支撑,注重学生的前认知培养,通过探究式、体验式教学培养学生的探究精神和思考能力
理论内涵	从教的角度来说,以引导的方式,通过小组合作学习,促使学生深层次理解知识,掌握学习策略 从学的角度来说,对一系列问题进行思考、探究、研讨、反思,进而进行自主学习

续表

操作流程	提出问题——猜想与假设——动手探究——合作交流（集体研讨）——拓展延伸（巩固应用） 首先创设一定的问题情境引出问题，然后组织学生对问题进行猜想并做出假设性解释，再设计实验让学生动手进行探究验证，进而合作交流（集体研讨）、总结规律，最后的拓展与延伸是为了让学生学以致用，培养实践应用能力
特点	能够培养学生的创新思维和能力，提高学生的科学素养，培养学生的合作精神和自主学习能力
教学策略	营造一个民主宽松的教学环境，充分发挥学生的积极性 教师要掌握学生的前认知特点，在此基础上实施一定的教学策略

（二）浙江师范大学附属杭州笕文实验学校"We课堂"

自 2008 年开始，笕文实验学校全面建构"We课堂"，至今已产生良好效果。"We课堂"是学生自主学习的课堂，努力彰显学习过程中学习主体的主动性、学习内容的开放性、学习方式的多样性以及学习过程的民主性。

"We课堂"的核心理念是"We"，课堂属于学生这个群体，"W"又指称 wherever，处处可学；"e"即"E"，源于 E-learn，意味着无限的学习可能性。课堂以学生的学习为中心，以学生的兴趣和诉求为中心。教师从传统学校教学的知识"传授者"转变为促进学生自主成长的"导助者"，教师的任务重在导趣、导疑和导评。

"We课堂"的操作体系包括导助式的教学形态、延展性的课堂资源、契约化的课堂管理和点赞式的课堂评价，它们组成了一个全新的课堂形态。导助式教学是教师扶助与引导下的自主合作探究活动；延展性资源是基于课堂资源的再造与生成，学生在自主、合作、探究的过程中可以利用更多的学习资源，学生在现代教育信息技术的支持下可以获取无限的教育资源；契约化管理是学生成为课堂主人的有效途径，在该种课堂上，首先要建设有形、有约的小组，互助合约、班级契约是管理班级的规则；课堂评价不再以知识目标的达成为唯一标准，而是进行系统的、全面的、理性的评价。每一节课的展示、质疑、点评都是在真实课堂教学环境中进行的，这种评价具有及时性、公平性和全面性。

　　"We 课堂"的课堂结构是灵活的，"导""助""展""研""评"几个环节没有固定的起点，没有固定的顺序，可以根据不同的学科、不同的课型和学生自主学习的需求随机进行调整。其中"导"就是多维导学，根据课程情况可以采用学案导学、微课导学、问题导学、情境导学等，学生可以自主独立地完成导学内容，实现先学；"助"是通过小组合作完成学习探究；"展"是小组展示探究问题的过程、思路、方法和答案等；"研"是选择一节课中最具挑战性的问题进行辩论研讨等；"评"包括探究过程中学生之间的点评，也包括教师通过统计数据、信息对学生进行精准的诊断和评价等。以一节"动物的呼吸系统"的科学课为例，教学先从"展"开始，各小组分别展示课前通过实物观察和网络查询获得的关于动物呼吸系统的相关知识，在小组展示过程中，学生进行质疑、提问、点评，然后生成一些新的问题，同时，教师根据教学进度适时地给出更具挑战性的问题，各小组再一次进行助学，全班进行研讨，最后梳理结论，学生在自主、合作、探究的过程中达成学习目标。

第八章

协同创生：学科育人教学改革

2000 年，中共中央办公厅 国务院办公厅《关于适应新形势进一步加强和改进中小学德育工作的意见》指出："德育要寓于各学科教学之中，贯穿于教育教学的各个环节。"学科德育受到广泛关注。叶澜教授曾指出，传统的学科教学大纲和教科书的呈现方式，造成了学科育人价值的贫乏化，需要拓展学科丰富的育人价值。2014 年，教育部《关于全面深化课程改革落实立德树人根本任务的意见》特别强调："统筹各学科，特别是德育、语文、历史、体育、艺术等学科。充分发挥人文学科的独特育人优势，进一步提升数学、科学、技术等课程的育人价值。"学科育人被广泛关注。

习近平总书记在 2018 年全国教育大会上特别强调，教师要围绕立德树人目标来教，学生要围绕立德树人目标来学，凡是不利于实现这个目标的做法都要坚决改过来。在过去相当长的时期，学科教学只关注"双基"，教学过程变成知识、技能传授的过程，学科育人的任务被成绩、分数、升学所遮蔽、所排斥。这种状况必须改变，改变的方向就是要从"学科教学"转向"学科育人"。本章分析了学科育人的理论与价值、途径与方式、思考与实践，有利于认识学科育人的本质，实现从学科教学向学科育人的转变。

第一节　学科育人的理论逻辑

　　学科教学要实现全面、全方位、全过程育人，是落实立德树人根本任务的一种有效方式。学科教学与育人之间的逻辑关系到底如何？这是需要重新认真审视的问题。弄清学科育人的理论逻辑，才能更好地把握各个学科育人价值基本内容，探寻学科育人的实践路径，完成时代赋予教育的根本任务。

一、学科教学的最终目的指向育人

　　一直以来，人们把学科教学理解为智力教育或知识教育，忽视了学科的整体育人功能，导致学科系统育人功能的结构性沉默。①每个学科都展示着整个人类文明的不同阶段的不同侧面，展示着每个学科特有的价值。每个学科特有的"符号思维和符号活动"是人学习文化、走向文明的桥梁，通过该桥梁我们可以汲取人类文明精华，到达"成人"的彼岸。虽然不同的学科趋向不同的方向，遵循着不同的原则，但是这种多样性和差异性并不意味着不一致或不和谐，实际上所有学科都是相辅相成的，它们和谐一致地共同服务育人之根本目标。

二、学科教学本身蕴含教育性

　　德国教育家赫尔巴特主张通过各门课程知识的教学进行道德教育。他在《普通教育学》的开篇说："我得立刻承认，不存在'无教学的教育'这个概念，正如反过来，我不承认有任何'无教育的教学'一样。"②教学的教育性就是在进行学科教学的同时对学生进行思想品德等方面的教育，而且"立

---

① 郭元祥："论学科育人的逻辑起点、内在条件与实践诉求"，载《教育研究》2020年第4期。
② ［德］赫尔巴特：《普通教育学》，李其龙译，人民教育出版社2015年版，第6页。

德"是教学的首要目标。 教育(育人)与教学(学科教学)是密不可分的整体,所有的教学都具有教育的意义。 学科教学是实施"教育"的最主要的形式。

雅斯贝尔斯认为,教学应当使教育的文化功能和对灵魂的铸造功能融合起来。① "教学活动中的读、写、算的学习并不是技能的获得,而是从此参与精神生活。"② "以正确的方式传授知识和技能,其本身就已经是一种对整个人的精神教育。"③学科教学的根本旨意在于育"人",学科是载体,学校教学是主要路径,体现"育"的过程,即"学科教学"是由教学之"育"达成"人"之成人的逻辑过程。 学科教学过程即育人过程,只有育人与学科教学完全融为一体,才能实现"知德合一"。

促进人的全面发展应当是各科教学共同的和首要的目的。 不同学科在"德育"为先的原则下和谐"共处",共同培养全面发展的人。 不同学科都致力于"抢夺"育人的空间,每个学科的独特的育人价值是天然的、与生俱来的。 顾明远教授也认为:"教育的本质是促进人的发展,是通过传承文化、创新知识的过程促进人的发展,把一个属于生物的人培养成社会的人。"④

三、学科教学是立德树人的关键切入点

学校教育是一项复杂的系统工程,要以学生发展为主题,紧紧围绕立德树人根本任务,充分体现教育规律和人才培养规律,把促进学生全面发展、健康成长作为出发点和落脚点,让每个孩子都能成为有用之才。 推进立德树人工作,关键是要找准切入点。 学科教学是教育思想得以实践、教育目

① [德]雅斯贝尔斯:《什么是教育》,邹进译,生活·读书·新知三联书店1991年版,第1页。
② [德]雅斯贝尔斯:《什么是教育》,邹进译,生活·读书·新知三联书店1991年版,第35页。
③ [德]雅斯贝尔斯:《什么是教育》,邹进译,生活·读书·新知三联书店1991年版,第149页。
④ 顾明远:《中国教育路在何方:顾明远教育漫谈》,人民教育出版社2016年版,第164页。

标得以达成的主要载体，是学校教育教学活动的基本构成部分，在人才培养中发挥着核心作用。实践证明，抓住了学科教学，就牵住了育人工作的"牛鼻子"。只有进一步深化教育改革，扫清人才培养体制、机制障碍，才能真正有效地落实立德树人根本任务。

第二节　核心素养与学科育人创新

一、核心素养的提出

素养是人的见识和阅历的积淀，是积淀在人的精神世界中的对人的生活、学习、发展有价值、有意义的东西。从词源学上而言，素，白致缯也。"素"即本色。养，供养也，有照看、呵护，使成长之义。因此，"素养"有两层含义，一是人生来就有的先天禀赋，二是后天培养的素质。它是可以经由生理、心理、文化、思想不断提升并逐步完善的。这一不断完善的过程需要教育，通过教育，我们得以树立正确的世界观、人生观、价值观，习得良好的思维方式，养成良好的行为习惯，最终成为具有独特人格的人。

核心素养概念的提出，与当今的社会发展有着密不可分的关系。在现代社会，人们的工作和生活方式在不经意间进行着重构，重复性的工作逐渐被机器所取代，社会经济运作模式和人类的职业分工发生着深刻变化。作为新时代的公民，应该具备怎样的素养和能力，成为各国普遍关心的重大问题。

20 世纪末，经济合作与发展组织（Organization for Economic Cooperation and Development，简称 OECD）启动了"核心素养的界定与选择：理论和概念基础"研究项目，并推出"国际学生评估项目"，即我们熟知的 PISA（Program for International Student Assessment）测试，这些研究对世界各国的教育改革产生了巨大而深远的影响。

2002 年，美国制定了"21 世纪素养"框架，明确了 21 世纪的人应该重点学习的核心学科、主题以及要培育的核心素养。同一年，欧盟也发布了《知识经济时代的核心素养》，提出在 21 世纪，人需要具备母语交际、外语交际、数学素养和基础科技素养、数字素养、学会学习、社会与公民素养、首创精神和创业意识、文化意识和表达等八大核心素养，并对每一个核心素养进行了明确说明。

我国也积极参与核心素养研究和推进工作。2014 年，教育部《关于全面深化课程改革落实立德树人根本任务的意见》发布，首次提出："教育部将组织研究提出各学段学生发展核心素养体系，明确学生应具备的适应终身发展和社会发展需要的必备品格和关键能力。"培育学生核心素养是落实立德树人根本任务的一项重要举措，也是适应世界教育改革发展趋势，提升我国教育国际竞争力的迫切需要。

2016 年，《中国学生发展核心素养》总体框架正式发布，指出中国学生发展核心素养，以培养"全面发展的人"为核心，分为文化基础、自主发展和社会参与三大方面。所谓"学生发展核心素养"，主要指学生应具备的，能够适应终身发展和社会发展需要的必备品格和关键能力。核心素养是对学生知识、技能、情感、态度、价值观等方面的综合要求，是学生进行终身发展和适应社会发展的必备素养，其培养是一个持续的过程，可教可学，最初在家庭和学校中培养，随后在一生中不断完善。

培养什么人，如何培养人，是教育的首要问题。党的十八大以来，国家高度重视教育工作，把教育摆在优先发展战略地位。教育要坚持社会主义办学方向，坚持为社会主义现代化建设服务，培养德智体美劳全面发展的社会主义建设者和接班人。

落实立德树人根本任务必须建立育人为本的学科教育观。习近平总书记强调，要用好课堂教学这个主渠道，思想政治理论课要坚持在改进中加强，提升思想政治教育亲和力和针对性，满足学生成长发展需求和期待，其他各门课都要守好一段渠、种好责任田，使各类课程与思想政治理论课同向同行，形成协同效应。 任何学科都是教育的工具，从这个意义上讲，每位教师都必须树立育人为本的学科教育观，在教授学科知识的同时，担负起学科育人的基本职责。

二、学科核心素养与学科教育

学科核心素养是核心素养在特定学科（或某一学习领域）的具体化，是学生学习一门学科（或在特定领域学习）之后所形成的、具有学科特点的成就（包括必备品格和关键能力），是学科育人价值的集中体现。

我国《普通高中课程方案（2017 年版）》提出要进一步提升学生综合素质，着力发展学生核心素养，使学生成为有理想、有本领、有担当的时代新人；使学生具有理想信念和社会责任感，具有科学文化素养和终身学习能力，具有自主发展能力和沟通合作能力。 同时，为了进一步促进学科育人功能，各学科基于学科本质凝练了本学科的核心素养，明确了学生学习该学科课程后应达成的正确价值观念、必备品格和关键能力。 学校应该围绕核心素养的落实，精选、重组课程内容，设计教学活动，提出考试评价建议，切实引导各学科教学在传授学科知识的过程中，关注学科思想、育人价值等，改变重教书轻育人的现象，把立德树人根本任务落到实处，将关于人的全面发展要求具体化、细化到各学科课程之中。

以语文、数学、英语三科为例，《普通高中语文课程标准（2017 年版）》提出语文学科核心素养包括：语言建构与运用、思维发展与提升、审美鉴赏与创造、文化传承与理解。《普通高中数学课程标准（2017 年版）》提出数学学科核心素养包括：数学抽象、逻辑推理、数学建模、直观想象、数学运算和数据分析。《普通高中英语课程标准（2017 年版）》提出英语学科核心素养包括：语言能力、文化意识、思维品质、学习能力。

长期以来，我国的宏观育人目标是明确的，而中观的学科育人目标比较笼统，这容易造成微观的教学只关注具体的知识学习。 普通高中课程方案和课堂标准的发布，为学科教育由知识、技能训练转向立德树人指明了可操作路径，是学科教育改革的开端，其对初中和小学教育改革也有极强的应用参考价值。 将核心素养培育落实到学科教育之中，将学科教育由知识、技能训练转向育人，既是教师适应时代要求、转变角色的需要，也是教育回归本质的必然要求。

第三节 核心素养本位的教学策略

一、核心素养本位的教学理念

真正的教学是教人，而不是教书，学科教师不是教学科，而是用学科来育人。 因此，学科教学要向学科育人转变。

（一）教学要围绕核心素养展开

教育的根本任务是立德树人，教学要以立德树人为核心和根本。 那么应如何立德树人呢？ 首要的是应明晰树什么样的人，即要弄清人才培养目标。 国家对人才培养目标有明确的规定，即培养德智体美劳全面发展的社会主义建设者和接班人。 要实现这一目标，则需要学生发展核心素养和学科品质。 学生发展核心素养是党的教育方针的具体化、细化。 为建立核心素养与学科教学的内在联系，充分挖掘学科教学全面贯彻党的教育方针、落实立德树人根本任务、发展素质教育的独特价值，各学科基于学科本质凝练了本学科的核心素养，明确了学生学习该学科后应达成的正确价值观、必备品格和关键能力。 学校教学要以核心素养为基本出发点，围绕核心素养来设计教学目标、教学内容和教学任务，并根据学生核心素养发展要求进行教学评价。

（二）教学要有课程体系意识

学校教学需要强化课程体系意识，要从"整体育人"的高度构建课程体系。从纵向来看，学校教学要指向校本学生核心素养，在校本学生核心素养中渗透学校教育文化，实现学校教育文化、校本学生核心素养与学校课程目标、课程内容纵向贯通。在学校课程与校本学生核心素养之间建立实质性联系，是学校课程建设的主要指向，也是学校教学改革的重要内容。学校要关注影响学生未来发展的关键能力、必备品质是否有课程作为支撑，每门课程能否助力学生核心素养的养成。

从横向来看，课程体系是指学校各课程之间的内在联系。学校要在开齐、开足、开好国家课程的前提下，立足学生全面发展与个性发展，打破课程壁垒，消除课程拼盘，形成相互衔接、关联协同、逻辑严密的学校课程生态圈，充分发挥课程的整体育人功能。强化课程体系意识，有利于学校课程建设从关注数量转向注重质量，从单独开发到整体规划，实现课程结构优化；有利于学校通过独具特色的课程体系提升学校的品质，实现特色发展；有利于教师了解学校课程全貌，深刻认识自己所承担课程的育人目标和任务，实现学校教育愿景。要让学生核心素养培养真正落地，需要学校在课程建设上协调诸多关系，强化统筹意识。教学中，要以核心素养培养为纲，统筹课程目标、内容、教学、评价，以课程内容支撑课程目标，通过课程教学促进课程目标的实现。以学科核心素养培养为例，课程教学中需要创设丰富的问题情境，学生在探究学科知识的过程中发展学科思维，发展学科理解力，从而形成学科核心素养。课程教学评价是课程建设的重要环节，评价需要从知识、技能中心转向素养中心，重视对学生思维方式与问题解决能力的考核。课程教学评价通过对学生学习过程与结果的监测和评估，反馈课程目标与内容的适宜性，更好地引导课程教学。

（三）教学要以学习者为中心

要发展学生学科核心素养，就必须重建教学关系，构建以学习者为中心的教学模式。 以学习者为中心的学校教学中的学习不同于传统意义上的学习，教师应该认识到学习必须是主动的，而不是被动的。 在以学生为中心的课堂上，第一，学生应积极主动地学习。 学生要通过主动学习构建自己的知识体系；教师应避免用单一的教学方式进行教学，应为学生创设多样化、个性化的学习情境，组织学生用不同的方式探讨教学内容。 第二，学生应共同学习。 老师尽量不要求学生单独学习，要在日常教学中引导学生以小组形式合作学习，让学生在学习活动中互相探讨，交流观点，提供反馈。第三，学生应学会学习。 学习应首先是"学生学"而不是"教师教"。 教师应对学生进行学习策略的指导和教育，一方面，促使学生养成良好的学习习惯，如课前预习、上课做笔记、课后复习等；另一方面，指导学生根据自己的学习特点寻求适合自己的行之有效的学习方法。

二、核心素养本位的教学策略

策略是从观念走向行动、从理论走向实践的操作系统、路径和方法，只有将核心素养所倡导的观念、理论转化为行动、实践，核心素养培养才能真正落地。

（一）整体化策略

"整体"对学校教学而言，至少包含三层意思。 一是教学要关注学生的全面发展，要有利于促进学生德智体美劳全面发展，而不是仅仅关注知识、技能的传授。 二是从学生学的角度而言，教学要联系学生的实际、学校的实际以及育人目标的整体指向。 三是从关系角度而言，教学要与课程发生深度关联，实现两者的有机融合。

（二）情境化策略

李吉林情境教育观特别强调激发儿童的学习兴趣，把儿童带入情境，让他们在探究的乐趣中，发挥学习的主动性，强化学习动机。 在情境教学中，学生焕发出想象力与活力，反过来又营造了良好的课堂氛围，这样，教学就成为学生乐于参与的、有趣的、有意义的活动。情境教学不仅帮助学生更好地理解教学内容，有效地完成学习任务，还可以更好地训练学生的观察能力、分析能力、创造能力。要培养学生核心素养就要注重在教学中调动学生的观察能力、体验能力、想象能力，促进学生全面发展。

（三）深度学习策略

深度学习是培育核心素养的基本途径。所谓深度学习，是指在教师的引领下，学生围绕具有挑战性的学习主题，全身心积极参与、体验成功，促使自己全面发展的有意义的学习过程。在这个过程中，学生掌握学科的核心知识，把握学科的本质，形成积极的学习动机，塑造崇高的品格，树立正确的价值观，成为既具独立性、批判性、创造性又有合作精神、扎实基础的优秀的学习者，成为未来社会的主人。因此，深度学习是学生认知、思维、情感、意志、价值观全面被激活的活动，目标最终指向具体的人的全面发展，是培养学生核心素养的基本途径。

（四）自主性策略

学生是教育的主体也是学习的主体。教学如果不能关注和培养学生的自主性，就不是真正的教学，也不能培养学生的核心素养。学生核心素养培养的过程是学生品质逐步形成的过程。在这一过程中，学生需要积极地进行自我培养，只有这样教学才能更好地关注学生生命成长，才能更好地为学生发展核心素养提供帮助。

三、走向课程与教学统整

2001年颁布的《基础教育课程改革纲要（试行）》明确提出："改变课程结构过于强调学科本位、科目过多和缺乏整合的现状，整体设置九年一贯的课程门类和课时比例，并设置综合课程，以适应不同地区和学生发展的需求，体现课程结构的均衡性、综合性和选择性。"这为课程与教学的统整提供了政策与理论支撑。

传统教学的弊端表现在过分关注知识的学习和掌握，忽视了学生对现实生活的探究和体验，学习成了知识的记忆和教材内容的掌握。在这种程式化学习过程中，师生追求学习答案的唯一性和正确性，缺乏自己的理解、发现和创造，学生难以构建自己的学科知识结构，难以培养解决实际问题的能力，学习热情和学习兴趣被压抑，深度学习难以实现，高阶思维、创新能力和核心素养培养难以落实。[1]

课程与教学的统整主要包括学科内、多学科和跨学科统整等形态，它打破了学科壁垒，师生根据课程标准以主题的方式从"我与自然和科学""我与社会和他人""我与自己"等方面寻找概括性强的大观念，以大观念统领学科结构和过程结构支持下的事实性主题，借助核心概念和体验探究等，以学生的真实生活为基础和载体，把语文、数学、英语、思想品德、科学、艺术、体育等学科内容融合到综合的主题中，使学习者的生活经验与所学内容密切关联，让学习者进行深度学习。

利用生活主题为学科探究提供真实的情境与经验素材，将目标、知识、技能、过程、方法、思维和价值观整合起来，实现学科内部、学科与学科、学科与生活、学校与社会关联，实现知识与学生生活融会贯通，让学生感受、探究和体验知识与真实世界的紧密联系，让世界成为教学的"鲜活教材"，使学习者在学习过程中不仅掌握知识，而且体验生活的意义。由传统的以知识为主体、学科导向的学习转变为以学生为主体、个体化导向的学习，能提高学生适应社会生活的能力，从而培养其创新精神和实践能力。[2]

跨学科教学是当下我国中小学教育教学改革创新的一大亮点。跨学科教学之所以出现并成为一些中小学校教学改革的"宠儿"，一是因为跨学科

---

[1]曹红旗："走向课程与教学统整新时代"，载《中国教师报》2019年1月2日。
[2]曹红旗："走向课程与教学统整新时代"，载《中国教师报》2019年1月2日。

教学体现了学生发展核心素养的要求。 2016 年,《中国学生发展核心素养》发布,明确提出核心素养以培养"全面发展的人"为核心,包括三个方面,六大素养和十八个基本点,从中观层面系统回答了"立什么德、树什么人"的根本问题。《中国学生发展核心素养》的发布以及依据核心素养要求系统推进中小学课程、教材、教学改革,代表着我国基础教育进入了以"核心素养"为标志的新时代。 跨学科教学从本质上而言,是要突破学科固有的知识体系,实现学科间的有机融合,为培育学生核心素养服务。 二是因为跨学科教学彰显了学校课程改革的深度。 当下,很多学校课程改革已经从特色课程建设的初级阶段转向学校课程整体建构阶段,即站在"整体育人"的高度思考与设计学校课程体系,根据学校的育人理念、育人目标整体设计、组合课程,统筹考虑课程实施方式、评价方式,发挥课程育人的特殊功能。跨学科课程从本质上而言是学校基于育人目标和育人理念对国家课程、地方课程、校本课程的重新设计和组合,发挥着重要的育人合力。 三是因为跨学科教学关注人的全面发展。 人是社会的组成部分,是一个复杂的有机体。 有机体的基本特点在于它是由各个小的部分组成的,而且各个部分之间又是相互关联、相互制约的,任何一个部分出了问题都会危及整体。 同样,人以及人的全面发展也是如此,需要协调与共生。 跨学科教学为人的学习与发展提供了一种新的审视视角、新的探析方法以及新的拓展思路,它关注人的全面发展。

中小学跨学科教学实践是多元的,有的采取进入学校课程表的方式成系列推进,有的采取活动课程的方式零星推进,有的结合社会实践、研学旅行"混搭"推进,等等。 实践不同,落实推进各异会影响跨学科教学的实践效果与育人功能。 基于此,我们认为推进跨学科教学,一要有整体性思维。要整体设计学校的跨学科教育教学实践,既要警惕跨学科教学与学科教学的冲突,又要避免学科知识体系目标未达成、跨学科教学融合不同学科内容不达标的窘状,保证跨学科教学是为了达成学校育人目标而设计和实践的,而非为了跨而跨。 二要有科学的教学任务。 跨学科教学有很强的情境性,是基于一定情境来达成某一学习任务的活动,因此,科学设计教学任务很关键。 需要基于不同学科的目标要求、学生发展的真实需要、现有的教育资源、时间等统筹设计跨学科教学任务,设计出一系列的探究性任务和主题。三要加强协同合作。 跨学科教学是超越学科本位的,它强调同伴、师生综合运用各种教育资源进行探究、实践或创新,因此,人与人的协同、人与物的协同、人与自然的协同是开展跨学科教学的关键。

四、走向深度学习的教学变革

进入新时代,教育教学改革深入推进,教学改革日益成为教育改革的核心,课堂成为落实立德树人根本任务的主要阵地。 传统的以接受定论性知识为主的教学,缺乏有效的互动与交流,束缚了学生的主体性发展,教学效果差,教育效能低,难以适应知识经济时代的发展要求。 学习者需要具备敢于质疑的学习品质和勇于创新、懂得合作、不断超越的精神,以适应社会发展的新需要。 当前课堂教学存在的主要问题有以下几点。

学生主体意识不强。 受传统应试教育思想影响,一些教师缺乏学生本位意识,导致学生只能够机械记忆教师所讲的内容,缺乏深入理解,更缺少探究的机会与能力。

教学表浅化。 一些教师对自主学习、探索学习和合作学习的原理和策略把握不够准确,缺少对学生的合作精神、探究精神和思维能力的引领与培养。

教师课程意识不强。 受应试教育影响,一部分教师往往严格按照考试大纲进行割裂式教学,不能将整个科目的教学视为一个有机的、有联系的整体,也很少将不同学科的相近知识进行整合或将学科知识与生活实际相联系,导致学生能够学会解题,但缺少对学科知识的整体把握与融会贯通,缺少质疑、批判与探究能力。

学科整体育人能力不强。 教学中教师往往只重视学生获得了多少知识，忽视学科育人功能的发挥，课堂教学应有的作用没有完全体现出来，育人的综合成效不明显。

近年来，关于深度学习的教学研究和实践开展得如火如荼。2014年，教育部《关于全面深化课程改革落实立德树人根本任务的意见》明确强调，深化课程改革，落实立德树人根本任务，并首次提出研究制订学生发展核心素养体系。深度学习的变革与实践从本质上而言就是核心素养培养落实到学科教学中的具体体现。

关于深度学习的研究与实践在西方发达国家有较长的历程。早在1976年，瑞典哥德堡大学教授马飞龙等基于对学生学习过程的研究，提出并阐述了深度学习与浅层学习两个相对的概念。他们认为，采用深度学习方法，学生对文章的理解更深入，能更好地回答问题，并且能更有效、更持久地记住相关信息。[①] 在我国，从2014年9月开始，教育部基础教育课程教材发展中心组织专家团队，着手研究开发"深度学习"教学改进项目，设立了试验区和试验学校，推动课堂教学关系的深度调整和人才培养模式的重大变革，引领教学理念、教学方式、教学评价、教学组织管理制度等全方位变革，取得了积极成效。

深度学习，就是在教师的引领下，学生围绕具有挑战性的学习主题，通过深度体验、深刻思考与互动探究，在知识、能力、素养等方面获得发展的有意义的学习过程。在这一过程中，学生深刻理解学习的意义，掌握学科的核心知识，把握学科的本质和思想，形成积极的内在学习动机、高级的社会性情感和正确的世界观、人生观和价值观，成为基础扎实又兼具合作精神、批判精神、创造能力的复合型学习者。深度学习的主要特征是学习目标的整体性、学习方式的建构性、学生主体的多维性、学习过程的互动性、学习结果的多效性。

[①] 刘月霞、郭华：《深度学习：走向核心素养（理论普及读本）》，教育科学出版社2018年版，第16页。

第四节 核心素养本位的教学实践

2017 年，中共中央办公厅 国务院办公厅印发《关于深化教育体制机制改革的意见》，提出"要注重培养支撑终身发展、适应时代要求的关键能力。 在培养学生基础知识和基本技能的过程中，强化学生关键能力培养"。认知能力、合作能力和创新能力是核心素养中的关键能力。 为满足学生关键能力培养需求，不断优化教与学的方式，中国教育科学研究院朝阳实验学校积极开展学校教学改革，将学校教学作为落实立德树人根本任务的主渠道，在教学改革中，紧紧围绕"德智体美劳五育并举、全面发展素质教育"这一核心，以问题为导向，聚焦关键能力培养，夯实学生发展基础，创新教学组织形式，坚持教学相长，注重启发式、互动式、探究式教学，引导学生主动思、积极问、合作学、自主探，不断提高学生的关键能力和核心素养。我们将这一学校教学改革的校本化探索称为"思考力课堂构建"。 本节重点阐释和分析中国教育科学研究院朝阳实验学校思考力课堂的教学实践。

一、思考力课堂内涵

理解和分析思考力课堂的关键是弄清什么是"思考力"，如何让"思考力"的内涵在学校教学中得以体现和落实。"思考力"，分"思"和"考"两部分。 思，一指会思考，即有深度思维，能够自主判断和自主发展；二指有思想，即一方面指有深厚的文化积淀、文化基础，另一方面指有独立见解、独立思想。 考，一指考察，即强调躬身实践，相信实践出真知，在社会实践中实现自我发展；二指考辨，即有甄别能力，具有透过现象认识本质的科学精神。"思""考"结合起来就是学校核心素养的校本化表达，涵盖了文化基础、自主发展、社会参与的主要方面和关键要求，强调通过积极行动、实际考察、辨别分析，培养人的关键能力和必备品格。 之所以提出"思考力"这一概念，主要原因是当下学校教育中学生发展存在四方面的问题：一是缺乏独立思想，人云亦云，没有创新精神和能力；二是缺乏深度思维，认识事物不深入；三是缺乏躬身行动，奉行拿来主义；四是缺乏辨别分析能力，不懂去伪存真。

通过对"思考力"的分析，我们认为，"思考力"的核心是有思想、会思考、有真知灼见，而这些关键能力的形成需要扎实的学识和丰富的实践，这就要求学校教学必须把握学科的知识体系，以问题为导向，打破教室界限，注重学、思、行结合。

思考力课堂以学科知识掌握为基础，以问题分析、解决和情感价值形成为两翼，以认知能力、思考能力、探究能力三种能力为能力目标，以班级授课、小组合作、个别辅导、导生制为四种主要教学组织形式，以"德智体美劳"五育全面发展为价值目标指向，以"明、问、思、辩、悟、用"为六大关键教学元素，教师在进行教学设计时要明晰教学目标，明确课堂教学具体要求，创造良好的学习环境，使学生在思考中学习、辩论中学习、感悟中学习、实践应用中学习。

二、思考力课堂特征

思考力课堂具有以下特征：一是核心教学元素与学科特点充分结合；二是知识、能力与情感、价值观等多重结合；三是学校育人理念、育人目标与学校教学深度契合；四是强调基本式与变式的结合。 六大关键教学元素是基本式，但并非每个学科、每堂课都要体现，而是根据学科、课型、任务等有所不同。

思考力课堂以"润泽全体，充分发展"为教学理念；以"牢筑知识，形成能力""认识规律，掌握方法""润育情感，养正品格"为三大教学目标。在教学组织方式上，思考力课堂按照学生学段不同将班级授课制、走班制、导师制、导生制多样搭配，灵活调整运用。 在教学流程和教学评价中，思考力课堂也有独特的形式。

"润泽全体"，强调的是全员性，要求课堂要面向每一个学生的发展；"充分发展"，强调的是对每一个个体因材施教。在教学过程中，应将学生视为平等的教育主体，让其在公正的环境中自由平等地成长。在教学过程中，教师应充分考虑学生的个体特性，这些特性既有先天方面的，更有进入学校之前的在后天成长环境中所塑造的认知、学习、交往习惯。教师充分理解这种后天特性的持续性和可塑性，通过个性化培养，实现学生的"充分发展"。"润泽全体，充分发展"作为思考力课堂的教学理念，贯穿到课堂教学的各个环节中。

思考力课堂重视学生的独立思考，特别注重学生的辩论与质疑能力培养，学生通过对问题的思考、质疑与辩论，不断产生感悟，形成主张，从而使课堂充满灵性。

思考力课堂要求教师明晰教学目标和进行课堂引导点拨、评价反馈、精准检测，要求学生在课堂上深入思考、犀利辩论、用心感悟、迁移创造、快乐合作。

三、思考力课堂构成要素

思考力课堂的六大关键教学元素——"明""问""思""辩""悟""用"，分别指向明晰教学目标；明确问题要求；引发学生思考；开展深刻辩论；在感悟中形成主张；开放性运用与实践。

（一）明：明晰教学目标

思考力课堂的第一个教学元素是"明"，即明晰教学目标。在确定教学目标时，强调四个方面：首先，要以课程标准为依据，以教材为参考，以学情为基础，寻找"学生现在在哪里"与"要到哪里去"之间的差距；其次，目标设定要明晰，便于教学问题的设置与提出，从而为课堂教学找到发力点；再次，目标的表述要准确，要便于评价；最后，目标要贴合学生的发展实际。例如小学语文教学中，把"掌握课文大意"作为一节课的教学目标是不具体的，需要改成：学生能找出每个段落的中心句，概括出段落大意；能按顺序将各段段落大意联系起来加以陈述。这样就会目标清晰，便于评价。

（二）问：明确问题要求

思考力课堂的第二个教学元素是"问"，即明确问题的具体要求。课堂上，要依据所确定的教学目标合理设置问题，要让学生明确问题的具体要求，整堂课要以问题的提出与解决为主线。设计问题要遵循四个原则：一是要围绕确定的教学目标，尤其要围绕重点与难点设置问题；二是要结合具体的情境设计问题，问题要具有挑战性，易于激发学生的学习积极性，激活学生的思维；三是设置的问题尽可能覆盖核心知识点；四是设置的问题要有逻辑关系且由易到难，环环相扣，要明确解决问题的时间、环节等。如学习数学"实际问题与二元一次方程组"时，教师将教学重点确定为"学生会用二元一次方程组解决实际问题"；教学难点是"学生会从实际问题中寻找到等量关系，且会用二元一次方程组表示出等量关系"。课堂上教师出示例题："养猪场原有 30 头大牛和 5 头小牛，一天约用饲料 675kg，一周后又购进 12 头大牛和 5 头小牛，这时一天用饲料 940kg，饲养员李大叔估计每头大牛一天需饲料 18kg～20kg，每头小牛一天需饲料 7kg～8kg，你认为李大叔估计的准确吗？"为了突破难点设置了如下明确的问题："（1）题目中有哪些已知量和未知量？（2）哪些量是相等关系的量？（3）如何用学过的方程把这种相等关系表示出来？（4）对以上问题先独立思考 3 分钟，小组交流 5 分钟，之后每个小组的代表交流讨论的结果。"这样，即提出了明确的问题与任务。

再如学习语文《卖炭翁》一课时，设置了四个主要问题。该课的教学重点是"说出诗词大意及诗词如何通过塑造卖炭翁形象及其遭遇讽喻现实"。教学难点是"读出诗词中的矛盾与反差，说出对比手法如何深化人物形象，增强表现效果"。本次教学设计的核心是问题三"作者仅仅是要抨击宫使吗？"通过这个问题，帮助学生理解对比手法可以增强讽喻效果。 但是，如果直接提出该问题让学生解决，对学生而言有一定的难度，因此又设计了两个问题来衬托该核心问题。 问题一"诗人笔下的卖炭翁有哪些特点？ 朗读诗词，结合具体诗句，联想情境，进行分析"。 通过分析卖炭翁形象，了解学生对文言文基本文意的理解能力，对关键信息的提取能力，发挥想象及联想情境的能力。 这具有一定的挑战性，但又可以很好地激发学生阅读文本的兴趣。 紧接着，通过问题二"除了卖炭翁，这首诗中还写到了宫使，他们又有着怎样的特点？ 作者为什么要写宫使？"帮助学生关注文中另一类人物形象，并且梳理文中两者的反差，为破解核心问题做铺垫。 问题设计要遵循由易到难、环环相扣的原则。 在核心问题解决之后，又通过问题四"是否为文章增加议论结尾"检验课堂学习效果，检测学生实际获得。

（三）思：引发学生思考

思考力课堂的第三个教学元素是"思"，即 "思中学"。 是否引发学生主动思考，是衡量教育教学质量的一个重要标准，特别是在当今信息时代，教师再也不能只是知识的传授者，而是要引发学生的学习愿望，引导学生的学习活动，启发学生在学习过程中质疑、批判、深入思考。 思考力课堂主张不直接给予学生知识，而是引导学生在探究学习过程中获取关键知识、提高能力、培养品格。 因此，一堂课的展开要以问题的提出与解决为主线，让学生独立思考，寻找解决问题的途径与方法，形成自己的独到见解。 在激励学生进行思考方面，思考力课堂特别重视为学生提供思考的工具和资源，通过搭建"脚手架"，提升学生探究和获取信息的能力。

（四）辩：开展深刻辩论

思考力课堂的第四个教学元素是"辩"，即"辩中学"。 思考力课堂将辩论视为培养学生学习能力和强化学生思维能力的重要手段。 思考力课堂之"辩"是建立在独立思考基础上的。 学生可以先在小组内发表自己的见解，小组内再展开讨论；也可在全班内以个人或小组代表的角色表达观点，展开辩论。 不管哪种方式的辩论，一是要注重表达自己的思维过程；二是要敢于质疑他人的观点，表达自己的独特观点；三是要善于倾听，提高尊重他人的修养及沟通协调能力、团队意识。 另外，教师要依据学生辩论情况，在关键点上进行点拨、引导和追问，向教学目标逼近。

（五）悟：在感悟中形成主张

思考力课堂的第五个教学元素是"悟"，即"悟中学"。 它是学生在充分思考与辩论的基础上，修正自己的见解，深入思考，形成自己的主张，促使思想飞跃进步的过程；是学生在学习知识、运用知识和创新知识的过程中产生思想的过程。 由迷惑而明白，由模糊而清晰，是"悟"的本义。 思考力课堂通过明、问、思、辩，让学生深刻认知真、善、美，并最终润养形成"悟性"，即形成分析和理解事物本质的能力，实现对知识的真正理解和掌握，进而有效确定行动的起点和方向。

（六）用：开放性运用与实践

思考力课堂的第六个教学元素是"用"，即"用中学"，指的是开放性的运用与实践，它有两个方面的意义。 一是学生在课堂中形成的思维方式、沟通协调能力、团队意识等能够被应用到生活和未来的工作学习中。 二是通过应用，加深对知识的理解，强化对知识的综合与运用、迁移与创新能力。 如教学《晏子使楚》时，教师引导学生思考并总结出晏子高超的语言表达能力后，结合学生的生活实际，创设真实的问题情境，引导学生运用语言艺术，解决现实生活问题：（1）你的同学与人交谈时习惯拍对方肩膀，他自己没意识到这样会把对方弄疼。 如果他和你说话时也这样，你该怎样说？（2）你后排的同学把桌子往前移，使你的空间变得很小，你该怎样说？ 这样的课堂练习锻炼了学生的思维能力，能够切实提高学生解决问题的能力及与人交往的能力，能为学生的成长奠定基础。

结　语

站在整体育人的高度
推进"课堂革命"

2017 年 9 月 8 日,教育部部长陈宝生在人民日报撰文,就"努力办好人民满意的教育"做了阐释,并提出:"坚持内涵发展,加快教育由量的增长向质的提升转变。 把质量作为教育的生命线,坚持回归常识、回归本分、回归初心、回归梦想。 深化基础教育人才培养模式改革,掀起'课堂革命',努力培养学生的创新精神和实践能力。"

一、为什么提"课堂革命"

推进"课堂革命"是新时代立德树人工作的核心,也是深化课程改革的关键。 有研究者对"课堂革命"的实践提出了质疑,认为针对课堂谈"革命"太彻底,革应试课堂的命为立人课堂,革教师课堂的命为学生课堂,革知识课堂的命为素养课堂,表达出非此即彼、彻底变化的意思,但大破大立并不适合教育。 陈宝生部长谈"课堂革命",有三个出发点。 一是课堂的战略地位。 课堂是教育的主"战场",一端连接着学生,另一端连接着民族的未来,教育改革只有深入课堂层面,才真正进入了深水区。 课堂不变,教育就不变;教育不变,学生就不变。 课堂是教育发展的核心地带,只有抓住课堂这个核心地带,教育才能真正发展。 二是课堂教学模式存在深层次问题,教学难以培养学生所需要的适应社会发展的必备品格和关键能力。 三是"革命"一词有对学校教学现状进行理性批判的意思。当前,我国学校教学中一些问题仍然很突出,如学校教学的"结果导向""功利导向"等。"结果导向"使得教学追求速成,用结果评价学生发展,甚至用"知识获得的多少"评价学生发展和教学效果,既忽视了学生发展的过程性和阶段性特点,又严重削弱了学校教学的育人功能。因此,需要对学校教学进行"革命"。基于以上考虑,"课堂革命"比"课堂改革"更有震撼力。

推进"课堂革命"从其背景来看,符合全面深化课程改革的基本要求,顺应世界教育改革的发展趋势。

第一,推进"课堂革命",符合全面深化课程改革的要求。2014年,教育部《关于全面深化课程改革落实立德树人根本任务的意见》发布,标志着课程改革进入全面深化阶段。2018年,全国教育大会在北京召开,习近平总书记提出教育是国之大计、党之大计。近年来,国家出台了一系列政策,站在立德树人、"五育"并举的角度全力推进课程改革。

第二,推进"课堂革命",顺应国际教育改革发展趋势。当今世界面临百年未有之大变局,世界多极化、经济全球化,大国战略竞争加剧,意识形态领域斗争尖锐复杂,国际格局和力量对比持续变化,全球治理体系正迎来新一轮调整。对新兴市场国家和发展中国家而言,这个世界既充满机遇,也存在挑战。国际竞争的实质是以科学技术为代表的综合国力的竞争,而科技的发展离不开人才,人才的培养离不开教育,所以当前国际竞争的实质归根到底还是教育事业的竞争。教育对经济和社会的发展具有先导性作用。世界各国纷纷加强创新型人才培养,注重高层次人才引进,通过发展教育抢占先机、争夺优势、占领制高点。21世纪以来,世界各国纷纷进行学校层面的教学改革。以学生为中心正在成为很多国家提升教育质量的核心导向。以学生为中心,一是全员化发展,即每个学生都是重要的;二是个性化发展,即每个学生都是不同的。坚持以学生为中心的核心导向,推进"课堂革命",推动学习方式变革是世界各国的共识。

二、如何理解"课堂革命"

深化基础教育人才培养模式改革,是对当前我国基础教育改革目标的宏观描述,是全面深化基础教育教学改革必须坚持的根本方向。培养学生的创新精神和实践能力,则是对我国全面推进素质教育的微观定位,是对培养什么人和怎么培养人重大问题做出的回答。

我们要重点从"四个回归""四个革命""一个坚持"来理解"课堂革命"。"四个回归",即回归常识、回归本分、回归初心、回归梦想。"四个革命",即"课堂革命"不可能一帆风顺、一蹴而就,这是一场心灵的"革命",要一切从学生发展出发,培养核心素养;这是一场观念的"革命",要坚持教为学服务,以学定教、以学评教、以学促教;这是一场技术的"革命",要改变一言堂和满堂灌的课堂模式,要相信学生、解放学生,培养学生的自主学习能力;这是一场行动的"革命","课堂革命"必须由政府启动,由教育科学研究部门推动,由学校实施,这样才能真正取得实效。"一个坚持",即始终坚持以学习者为中心,为不同层次、不同类型的学习者提供个性化、多样化、高质量的教育服务,促进学习者主动学习、释放潜能、全面发展。

三、为谁推进"课堂革命"

基础教育是造就人才和提高国民素质的奠基工程,学校教学是落实立德树人根本任务的主渠道。深入贯彻落实中共中央 国务院《关于深化教育教学改革全面提高义务教育质量的意见》、国务院办公厅《关于新时代推进普通高中育人方式改革的指导意见》等文件精神,推进"课堂革命",事关学生健康成长,事关国家发展,事关民族未来。

提高基础教育质量,需要打造高质量课堂。高质量课堂是面向全体学生，促进学生全面发展的高效能课堂，应该以学生为主体，关注学习过程，重视培养学生的创新能力；应该以优化教学方式为重要抓手，重视研究型、项目式和合作化学习，引导学生以科学的方式学习；应该以课标为教学指南，理解和把握学科核心素养；应该统筹整合学校、家庭、社会等优质教育资源，不断增强育人合力。 打造高质量课堂，应努力做到以下几个方面。

第一，要牢牢树立促进全体学生全面发展的教学质量观。 坚持育人为本，德育为先，坚持面向全体学生、有教无类、因材施教，培养学生的社会责任感、创新精神和实践能力，提高学生综合素质，促进学生德智体美劳全面发展。

第二，要把优化教学方式作为高质量课堂建设的关键。 教师要加强教学基本功训练，探索基于情境和问题的互动式、探究式、启发式和体验式教学，充分运用人工智能、大数据等现代信息技术创造性地开展差异化教学，实现减负增效。

第三，要把提高教师专业素养作为高质量课堂建设的根本。 充分发挥教师的主导作用，对教师加强针对新课程、新教材、新方法、新技术的培训，引导教师深入理解学科特点、把握知识结构、创新方式方法，不断提高教师的学科专业素养。

第四，要把培养学生创新能力作为高质量课堂建设的重点。 教师不仅要向学生传授学科基本知识，更要关注学生的学习过程，根据不同学生的思维品质提供适合的教育，把思维品质训练作为培养创新能力的突破口，不断提升学生的创新能力。

第五，要把创新教学管理机制作为高质量课堂建设的保障。 创新教学管理制度，统筹制订教学计划，加强综合性、实践性和校本化教学研究，开展基于问题、主题的跨学科教学研究是建设高质量课堂的重要保障。

第六，用科学的学业质量评价标准引导高质量课堂建设。 构建基于学生全面发展的学业质量评价标准，进行科学有效的教学评价，有利于改进教学质量，提高学生学习效率，促进学生全面发展，构建高质量课堂。

四、如何推进"课堂革命"

《中国教育现代化 2035》提出,"创新人才培养方式,推行启发式、探究式、参与式、合作式等教学方式以及走班制、选课制等教学组织模式,培养学生创新精神与实践能力"。 中共中央 国务院《关于深化教育教学改革全面提高义务教育质量的意见》指出,"充分发挥教师主导作用,引导教师深入理解学科特点、知识结构、思想方法,科学把握学生认知规律,上好每一堂课。 突出学生主体地位,注重保护学生好奇心、想象力、求知欲,激发学习兴趣,提高学习能力。 加强科学教育和实验教学,广泛开展多种形式的读书活动"。 推进教学改革要注意三个问题:一是总的出发点和目的是办好人民满意的教育;二是学校教学改革并非新课题、新领域,也无脱胎换骨的新理念和新方法;三是站在整体育人的高度,通过课程体系建设来推进学校教学改革。 具体而言,学校教学改革要突出育人功能,要认识到国家教育政策、素质教育要求与学校育人目标具有内在的一致性,实际上都是在回答"培养什么人"的问题。 为达成育人目标,要通过"立根子"——梳理办学理念,"定调子"——明确发展主题,"搭架子"——构建教学体系,"探路子"——创新实施载体,"亮牌子"——创建发展路径,系统地、完整地推进学校教学改革。

在这一过程中,要始终坚持一个基本原则,即基础教育的使命首先应该是教会学生关爱(爱惜自己才能学会关心别人)、关切(对知识孜孜追求和不断探究)、关联(关注自然社会、人类社会与学科之间的联系)。 教师要引导学生学会学习,引导学生与客观世界对话、与教科书对话、与同学对话、与自己对话。 真正的学习一定是不断地与新的世界、新的他者、新的自我的相遇与对话。 旧的观念、很多教学实践往往把课程窄化为学科,把学科窄化为学科知识,把学科知识窄化为既定的概念、定理、规律,因此,我们反对学校教学的"精心算计"。 这种"精心算计",是对时间的精确掌控、对流程的精心设计、对答案的精细打磨等，"精心算计"恰恰违背了教学的本质，让课堂失去了生命活力。"精心算计"的教学，忽视了人的个体差异性，没有看到人的能动性和主动性。教学不顾"人这一整体事实"，"不从总体的人"出发，无异于用一种僵化的尺度衡量充满生命活力的对象，无异于以鱼离开水的存活情况衡量鱼的生命力。

因此，一要放宽视野。教学不是执行教案的过程，不是窄化的交往活动，教学要以促进人的全面发展为目标，也就是要用核心素养、必备品格、关键能力等教育目标引导学校教学改革，避免就课堂论课堂，没有整体视野。二要整体推进学校教学改革。学校教学改革，先从学校办学理念改变开始，要将学校办学理念落实到教学全过程中。三是基于学校育人目标构建有理念、有灵魂、有特色的课堂。进行"课堂革命"不能有放之四海而皆准的大理念，不能有脱离学校实际、回避学科本身、不符合育人目标的指向。如，东北师范大学附属小学结合实际，提出"率性"教育，即"保护天性、尊重个性、培养社会性"。"率性教学"的三个关键词为：有根源、有个性、有过程。"有根源"是指教学中要挖掘本源，发现学生学习与成长的起点，了解不同教学方法、教学模式、教学组织形式的本质，让教学有据可依。"有个性"是指要尊重学生的差异性，发现并分析学生在学习兴趣、学习速度、学习适应性等方面的差异，并将其作为重要的教学生长点。"有过程"是指课堂教学以学生为中心，重视学生学习和成长的过程，在教学过程中，促进学生主动习得知识、锻炼能力、丰富情感、形成正确的价值观。

总之，学校教学是创生精彩、分享智慧、合作探究的过程，必须摒弃"教材中心"和"教师中心"的旧思想，最终走向学生本位的教学。

参考文献

一、著作类

1.[美]约翰·杜威.民主主义与教育［M］.王承绪,译.北京:人民教育出版社,2001.

2.王策三.教学论稿［M］.北京:人民教育出版社,2005.

3.杨小微.中小学教学模式［M］.武汉:湖北教育出版社,1990.

4.李定仁,徐继存.教学论研究二十年(1979~1999)［M］.北京:人民教育出版社,2001.

5.杨小微,张天宝.教学论［M］.北京:人民教育出版社,2007.

6.李吉林,田本娜,张定璋.李吉林小学语文"情境教学－情境教育"［M］.济南:山东教育出版社,2000.

7.施良方,崔允漷.教学理论:课堂教学的原理、策略与研究［M］.上海:华东师范大学出版社,1999.

8.北京师范大学教育系《教学认识论》编写组.教学认识论［M］.北京:北京燕山出版社,1988.

9.王鉴.课堂研究概论［M］.北京:人民教育出版社,2007.

10.袁振国.当代教育学［M］.北京:教育科学出版社,2010.

11.徐继存,赵昌木.现代教学论基础［M］.北京:北京大学出版社,2008.

12.张荣伟.新中国教育实验改革［M］.天津:天津教育出版社,2010.

二、论文类

1.张华.我国普遍主义教学方法论:反思与超越［J］.全球教育展望,2009(9).

2.龙宝新.高效课堂的理念缺陷与实践超越 [J].教育发展研究,2014(12).

3.郭思乐.静待花开的智慧:教育是效果之道还是结果之道——关于有效教学的讨论 [J].教育研究,2011(2).

4.叶澜.课堂教学过程再认识:功夫重在论外 [J].课程·教材·教法,2013(5).

5.张华.对话教学:涵义与价值 [J].全球教育展望,2008(6).

6.钟启泉.为每一个学生的成长而教——基于"学的课程"的教学设计探析 [J].北京大学教育评论,2009(3).

7.龙宝新.高效课堂的立体审视与协同创生 [J].中国教育学刊,2016(8).

8.叶澜.让课堂焕发出生命活力——论中小学教学改革的深化 [J].教育研究,1997(9).

9.叶澜.重建课堂教学价值观 [J].教育研究,2002(5).

10.徐继存.课堂教学改革意义的拓展 [J].当代教育科学,2013(7).

11.徐继存.教学论的学科立场 [J].教育学报,2012(4).

12.徐继存.论教学共识 [J].西南大学学报(社会科学版),2013(3).

13.孙宽宁,徐继存,焦炜.课堂教学改革的本质游离与回归 [J].中国教育学刊,2014(10).

14.邢红军.中国基础教育课程改革:方向迷失的危险之旅 [J].教育科学研究,2011(4).

15.李定仁,张广君.教学本质问题的比较研究 [J].华东师范大学学报(教育科学版),1997(3).

16.郭永福.正确对待课堂教学改革的先进经验 [J].中国教育学刊,2009(10).

17.徐继存.教学生活的精神意蕴 [J].课程·教材·教法,2012(3).

18.王婷,徐继存,王爱菊.改革开放四十年我国课堂教学研究的回顾与反思 [J].教育学报,2018(1).

19.李松林.课堂教学研究二十年:回顾、反思与重建 [J].教育理论与实践, 2008 (31).

20. 王鉴. 我国课堂教学研究的理论及其发展共势 [J]. 中国教育科学, 2013 (4).

21. 徐继存. "后模式时代" 课堂教学的选择与重建 [J]. 当代教育科学, 2013 (23).

22. 郝志军. 中小学课堂教学评价的反思与建构 [J]. 教育研究, 2015 (2).

23. 刘华. 发展性课堂教学评价指标体系: 构建思路及示例 [J]. 全球教育展望, 2013 (3).

24. 陈佑清, 陶涛. "以学评教" 的课堂教学评价指标设计 [J]. 课程・教材・教法, 2016 (1).

25. 徐继存. 学校课程建设的辩证逻辑 [J]. 教育研究, 2018 (12).

26. 徐继存. 教学的价值自觉 [J]. 课程・教材・教法, 2018 (12).

27. 裴娣娜. 为了每一个学生: 中国课堂教学改革 40 年的实践探索 [J]. 中小学管理, 2018 (11).

28. 吴康宁, 程晓樵, 吴永军, 等. 教学的社会学模式初探 [J]. 教育研究, 1995 (7).

29. 裴娣娜. 中国教学论学科的当代形态及发展路径 [J]. 教育研究, 2009 (3).

30. 裴娣娜. 学习力: 诠释学生学习与发展的新视野 [J]. 课程・教材・教法, 2016 (7).

31. 姚玉香. 基础教育改革 30 年: 话语多元与范式一统 [J]. 东北师大学报 (哲学社会科学版), 2008 (5).

32. 王攀峰. 论走向生活世界的教学目的观 [J]. 教育研究, 2007 (1).

33. 华国栋, 高宝立. 实施优质教育, 促进全体学生全面发展——江苏省泰兴市洋思中学的经验及启示 [J]. 教育研究, 2005 (6).

34. 李炳亭. 高效课堂的 "艺术" 和 "技术" [J]. 中小学管理, 2010 (1).

35. 文学荣. "学做导合一" 高效课堂教学策略 [J]. 教育理论与实践, 2011 (6).

36. 张纪东. "转方式、调结构"造就高效课堂——"精彩主持"课堂创新模式探析 [J]. 当代教育科学，2011（6）.

37. 彭明辉，马飞龙. 变易理论：学生自主学习和教师帮助之间的关系 [J]. 教育学报，2009（3）.

38. 陈如平. 关于新样态学校的理性思考 [J]. 中国教育学刊，2017（3）.

39. 徐继存. 教学个性的缺失与培育 [J]. 教育发展研究，2008（10）.

三、报纸类

1. 杜金山. 高效课堂的八大支撑系统 [N]. 中国教师报，2012-2-15（14）.